나는 글쓰기 모임에서 만난 모든 글을 기억한다

계속 쓰는 사람
정지우의 연결과 확장

나는
글쓰기 모임에서
만난

모든 글을
기억한다

정지우 지음

해냄

프롤로그

당신이 아직
글쓰기 모임을 해본 적이 없다면

작가로 살면서 출간하게 되리라고는 상상조차 해본 적 없는 책을 쓰게 되었다. 바로 이 책 『나는 글쓰기 모임에서 만난 모든 글을 기억한다』이다. 글쓰기 모임을 시작할 때만 해도 나는 이 일이 내 삶에서 아주 중요한 일이 되리라곤 생각하지 않았다. 어디까지나 내게 가장 중요한 일은 글쓰기뿐, 글쓰기를 가르치는 일은 작가의 일에서 부수적일 거라 생각했다.

작가로 살아온 지도 10년을 훌쩍 넘었고, 첫 글쓰기 모임을 한 지도 10여 년이 되었다. 대략 삼십 대 전체라고 할 수 있는 이 10년을 돌아보면, 나는 약간 난감한 기분을 느끼게 된다. 내가 정말 이 삶에서 한 번밖에 없는 삼십 대를 다 써버

렸단 말이야? 그렇구나, 이제는 '어떤 삶을 살아야겠다'뿐 아니라 '나는 이런 삶을 살았다'라고 말해야 할 때가 되었구나. 믿을 수 없게도, 나는 정말 그런 나이가 되었다. 삶의 절반 정도를 살아내고, 공자가 말한 불혹에 이르러 있으니 말이다.

물론, 앞으로도 삶은 절반은 남았으니 이렇게 살아야겠다, 저렇게 살고 싶다, 하는 다짐들도 여전히 유효하다. 그러나, 그 못지않게 나는 이제 내가 살아버린 삶에 대해서도 말하고 책임질 수 있어야 한다. 계속 살고 싶은 삶만 말하기엔, 나도 살 만큼 살아버린 입장이 되었으니 말이다. 그렇게 특히, 최근 10년을 돌아보며 내가 무엇을 했나 생각해 보면, 먼저 결혼과 육아가 생각나고, 홀로 글 쓰던 밤들, 그리고 글쓰기 모임이 떠오른다.

삼십 대의 나에게 가장 중요한 인연의 상당수는 이 글쓰기 모임과 얽혀 있다. 모임을 시작할 때는 그저 '가르치고 돈 버는 일'로 생각했다. 내가 경험해 왔던 거의 모든 일처럼 이 일도 돈을 주고받는 서비스이고, 한쪽은 소비자, 다른 한쪽은 서비스 제공자가 되지 않을까 했다. 그러나 모임이 이어질수록, 이는 사람과 사람이 만나는 일이자, 인연을 이어가는 일임을 깨달았다. 그것이 곧 삶이라는 것도 말이다.

서비스를 주고받은 시간은 몇 주에 불과했지만, 그렇게 시작된 인연이 10년 가까이 이어지기도 했다. 이를테면, 나는 부산 하면 그곳에 사는 가족과 더불어 부산의 글쓰기 모임원들을 떠올린다. 그래서 그곳에 갈 때마다 그들을 만나 이야기를 나누며 삶을 이어가고 있다. 아이가 태어날 무렵 만난 이들을 아이가 초등학교에 입학한 지금까지도 만나고 있는 것이다. 당시의 인연들이 대부분 흩어졌음에도, 글쓰기로 만난 인연만큼은 여전히 이어지고 있다.

그것은 글쓰기 모임이 단순한 모임이 아니기 때문일 것이다. 글 안에는 우리 삶의 가장 아프고 우울했던 순간, 기쁘고 감동적인 순간들이 농축되어 담긴다. 그런 글들을 함께 나눈 사이란, 아무래도 단순한 사이는 아닌 것이다. 특히, 글쓰기로 새로운 꿈을 꾸고 제2의 인생을 시작한 사람들, 나이 서른이나 마흔에 작가가 된 사람들에게는 남다른 의미가 있다. 글쓰기는 때로 삶을 남기지만, 동시에 삶을 시작하게 한다. 그런 의미에서, 글쓰기 모임에서 만난 많은 이들이 삶을 함께 시작한 동료들이 되었다.

이 책에서 나는 글쓰기 모임이 어떻게 시작되어 함께한 사람들과 삶의 동료가 되었는지를 차근차근 이야기했다. 나름대로 글쓰기의 중요한 원칙이나, 글쓰기 모임을 꾸려나가는 방법도 담아보고자 했다. 나아가 책의 마지막에는 함께 글을 쓰며 꿈꾼 사람들의 글이 담겼다. 나는 이 마지막 부분이야말로 이 책의 가장 큰 보람이라고 생각한다. 그 글들이 글쓰기 모임이란 얼마나 값진 것인지를 드러내는 증거라고 믿는다.

당신이 아직 글쓰기 모임을 해본 적이 없다면, 죽기 전에 한 번쯤은 해보았으면 한다. 내심 나는 이 책의 제목이 '죽기 전에 한 번은, 글쓰기 모임'이라고 지어지길 바랐다. 그런데 어쩌다 보니, 그런 의향을 출판사에 전하기 전에 제목이 지어졌다. 그러나 이렇게 지어진 근사한 제목을 보니, 역시 책을 만드는 일에 작가란 한발 물러나 있는 게 좋다는 생각도 든다. 글 쓰는 일은 그렇게 독자뿐 아니라, 편집자를 비롯한 다양한 동료들을 만나는 일이기도 하다.

글쓰기가 진심을 전하는 연결이고, 때론 모임으로 이어지는 사람 사이의 일이며, 나아가 삶 그 자체이기도 함을 이 책이 조금이라도 전할 수 있었으면 좋겠다. 나는 삶에서 한 번쯤 해볼 만한 일로 글쓰기를, 그중에서도 글쓰기 모임을 꼽고 싶다. 당신이 글을 써도 된다는 것과 글쓰기로 새로운 삶을 향해 한 걸음 나아갈 수 있음을 믿는다면, 글쓰기는 그에 보답할 것이다. 우연히 당신의 품에 든 이 책이 당신을 그런 글쓰기로 등 떠밀 수 있었으면 한다. 언젠가 당신의 글로, 또 나의 글로 당신과 내가 만날 수 있길 바란다.

2025년 11월
정지우

차례

프롤로그_당신이 아직 글쓰기 모임을 해본 적이 없다면 4

1장 서로의 글을 읽어주는 사이
― 쓰는 이들이 만드는 독특한 연대의 공기

지구에서 가장 충실한 독자가 되겠다는 약속 15
깨지기 위한 최초의 기준 19
스승을 만나면 스승을 죽일 것 24
자기만의 글을 쓰고자 하는 사람들에게 29
시선과 용기의 문제 33
줄 수 있다는 구체적 감각 37
두려움 덕에 더 나은 사람이 된다 42
두려움을 이겨내는 방법, 한계까지 주기 46
1박 2일 글쓰기 모임 50
나의 독자를 처음 만나는 순간 54
글쓰기 모임원들의 결혼식 59
스스로의 사회적 의미를 찾는 방법 62
스파르타식 모임이 주는 의외의 온기 66
일에서의 차가움을 유지하기 69

좋은 글쓰기 커뮤니티에 관한 고민 72
인간을 믿는 마음에 이르는 법 76
연말의 '글쓰기 A/S 모임' 80
내가 믿는 가치 있는 일 83
혼자가 아닌 같이 행복해지는 일 86

2장 팽창 우주의 별들에게 보내는 신호
― 연결하는 글을 쓰는 법

한강, 하루키, 계속 쓰기 91
언어는 우리를 잇는 실 94
때와 장소를 가리지 않고 쓴다 97
열 명 중 한 명을 찾는 일 100
타인에게 닿기 위한 언어 104
나를 구한 건 8할이 글쓰기였다 107
가장 가까운 이들에게 닿을 글 110
사람을 살리는 글이 있다면 114
서로의 지하수를 만나는 언어 118
팽창하는 우주의 별처럼 멀어질지라도 122
이야기해도 괜찮다는 감각 126
마음 털어놓을 백지를 찾는 사람들 130
미움받는 존재가 아니라는 감각 133

부분의 진실을 포기하기　137
응원이 희귀한 사회의 이글루　141
선을 찾기 위한 시행착오　144
스스로를 움직이는 보상 체계　147
나만 잘났다는 마음 버리기　151
10년간 100명의 마음을 듣는 인터뷰　155
잘 듣고 잘 쓰는 삶　158
타자에 대한 두 가지 선택　162

3장　쓰는 이들의 안전지대 쌓아 올리기
— 연결하는 관계를 만드는 법

멀어지고 싶지 않은 마음　167
연결을 쌓아가는 시간이 주는 것　170
중요한 건 숫자가 아닌 꾸준한 관계　174
보이지 않던 연결을 눈으로 확인하는 순간　177
말해 주지 않으면 모르는 마음　181
'나의 작가'를 찾아내는 여정　185
기다림 대신 초대하기　188
그 모습 그대로 기다려주는 공간　192
글쓰기라는 그물망 속의 삶　196
글을 쓰지 않았다면 닿지 않았을 인연　200

작가들과 벌이는 작당모의 203
느슨하게 얽히는 일의 기쁨 206
두려운 제안, 고마운 대답 210

부록
글로 이루어진 공동체의 독특한 위로

허태준 | 글쓰기 자아가 만난 최초의 인류 215
고정희 | 심연을 건너는 글쓰기 219
서하도 | 비눗방울 막대 다루기 224
이목 | '결혼 이유서'를 쓴 이유 230
김아람 | 이야기해도 괜찮다 237
선영 | 글의 세상과 만남 242
보배 | 나를 처음 '작가'라 불러준 사람 245
황진영 | 쓰기, 고쳐 쓰기, 함께 쓰기 249
전지은 | 글 쓰러 갔다가 연구까지 해버린 기록 256
이지안 | 글쓰기라는 상담 세션 260
김재용 | 내 글이 어려웠던 이유 264
벤자민 | 유려함보다 중요한 두 가지 271
전재현 | 나의 서사를 만드는 일 275
신선숙 | 정류장 같은 글 281

서로의 글을 읽어주는 사이

쓰는 이들이 만드는 독특한 연대의 공기

지구에서 가장 충실한 독자가 되겠다는 약속

"아마 지구상에서 지금까지 여러분들이 만난 사람 중에, 제가 여러분의 글을 가장 열심히 읽을 겁니다."

스물아홉, 첫 글쓰기 모임에서 했던 말이다. 그것은 나 자신에 대한 다짐이기도 했다. 처음으로 누군가의 글을 본다는 건 두려운 일이었다. 내게 그럴 자격이 있는지, 내가 좋은 이야기를 할 수 있을지 걱정되기도 했다. 그때 내가 의지한 건 하나였다. 나의 능력이 아니라 정성을 다하리라는 다짐.

성수동 어느 골목의 카페에서 이루어졌던 그날의 글쓰기 모임 이후, 나는 모든 글쓰기 모임에서 그 이야기를 한다. 그

것이 나뿐만 아니라 여기 모인 사람들이 최선을 다하게 만드는 마법 같은 말임을 알기 때문이다. 적어도 이 모임이라는 시공간에서, 나는 당신에게 최대한 집중할 것이다. 당신의 글을 당신 자신이 어떻게 생각하든, 나는 진품 다이아몬드를 감별하기 위해 현미경으로 들여다보는 보석상처럼 바라볼 것이다. 이것은 당신과 나 사이의 약속이다. 모임에 온 사람들은 그 약속을 믿기에 삶에서 가장 열심을 다해 글을 쓴다.

살아가면서 때때로 우리는 몇 가지 중요한 약속을 한다. 결혼할 때 배우자에게 충실하겠다는 약속, 입사한 회사에서 최선을 다해 일하겠다는 약속, 청소년기의 어느 날 드넓은 세상 앞에서 나의 꿈을 이루기 위해 전력을 다하고 말겠다는 약속. 대개 그런 약속들은 지키기 어려울 정도로 기나긴 시간을 요구하지만, 반대로 어떤 약속은 아주 긴 시간을 요구하지 않기에 지킬 수 있다.

나는 글쓰기 모임에 참여하는 것을 '단 한 번'으로 제한한다. 당신과 내가 일생에서 '글쓰기 모임'을 통해 만날 수 있는 시간은 지금뿐이다. 이번이 지나고 나면, 당신과 내가 마주 앉아 당신의 글에 관해 이야기할 기회는 영원히 없을 것이다. 이 짧은 시간 동안, 우리는 모든 마음을 다하여 좋은 글을 쓰는 데 몰두하자. 그리고 같이 모인 다른 사람들을 그런 마음으로 바라보고, 그렇게 서로의 글에 집중하자. 그 '짧음'이 언제나 나의 제안이었다.

　물론, 공저 프로젝트 모임 등에서 기존의 글쓰기 모임원들을 다시 만나 새로운 작업을 하는 경우도 없진 않다. 그렇지만 그런 특별한 경우가 아니면, 통상의 글쓰기 모임에서는 새로운 사람들은 일생에 딱 한 번만 만나기로 한다. 우리가 언젠가 또 만나서 무한히 연장할 수 있는 그런 여지, 미뤄도 좋은 가능성, 오늘의 마음을 내일로 연기해도 좋은 안일함이 없는 상태에서 최선을 다해 몰입하길 바란다. 아마도 그런 방식이 내가 지금껏 이어온 모임의 힘이 아니었을까 싶다.

　삶이란 어차피 한시적으로 사는 것이다. 다음 같은 건 좀처럼 주어지지 않는다. 만나고 싶은 사람은 오늘 만나야 한다. 하고 싶은 건 오늘 해야 하고, 해야 하는 일도 오늘 해야 한다. 사랑은 내일로 미룰 수 없다. 우리는 여기서 잠시 만났다가 각자의 삶이라는 길로 떠난다. 그것을 기억하면 내게 주어진 모든 일들이 한결 더 소중해지고 내면에서 최선의 힘을 끌어낼 수 있게 된다. 주말은 아이랑 놀아주기 귀찮은 시간이 아니라 얼마 남지 않은 추억을 쌓을 기회가 된다. 오늘 밤은 내가 인생에서 마지막으로 최고의 글을 써야 할 시간이다. 삶의 모든 일은 그런 방식으로 가장 소중한 순간이 된다.

우리가 언젠가 또 만나서
무한히 연장시킬 수 있는 그런 여지,
미뤄도 좋은 가능성,
오늘의 마음을 내일로 연기해도 좋은
안일함이 없는 상태에서
최선을 다해 몰입하길 바란다.

깨지기 위한
최초의 기준

"앞으로 두 달 동안, 여러분은 정지우의 기준에서 좋은 글을 쓰셔야 합니다."

이 또한 글쓰기 모임의 첫 시간에 매번 하는 이야기다. 그러나 나는 이 글쓰기 모임에서 절대적인 기준을 제시하는 것은 아니라고 못 박는다. 세상에는 어쩌면 사람 수만큼 많은 '좋은 글쓰기'의 기준이 있을 것이다. 이 모임에서는 좋다고 했던 글이 다른 모임에서는 혹평을 받을 수도 있다. 서점 베스트셀러 코너에 있는 글이 모두 동일한 기준에서 좋은 글이라 할 수는 없다.

어떤 책은 청소년들이 읽기에는 친절하고 좋은 책이지만, 어른들이 읽기엔 지나치게 구구절절할 수 있다. 어떤 책은 문장이 너무나 유려해서 세계적인 문학상을 받을 정도라도, 평소에 책을 잘 읽지 않는 사람들에게는 잘 읽히지 않고 어려울 수 있다. 누군가는 단문으로만 가득 채워진 글이 깔끔하고 이해하기 쉽다고 할 수 있지만, 다른 누군가는 그 글이 너무 건조하고 재미없어서 별로라고 여길 수도 있다.

  글쓰기 모임도 목적에 따라 다양한 방식으로 이루어진다. '좋은 글쓰기'의 기준을 매우 폭넓게 잡고, 어떤 글이든 써 오면 저마다의 매력을 찾는 모임도 있다. 그러나 내가 진행하는 글쓰기 모임은 '정지우가 생각하는 좋은 글'의 기본을 갖추는 걸 목적으로 함을 분명히 하고 시작한다. 그리고 꼭 덧붙인다. 글쓰기 모임이 끝난 후에는 이런 기준은 폐기해도 그만이며, 글 쓰는 사람은 결국 자기만의 기준을 찾아갈 수밖에 없으므로 모임이 이어지는 몇 주간만 '하나의 기준'을 익혀보는 것이라고 말이다.

  그 기준을 딱 잘라서 정리하거나 이론화하기는 쉽지 않다. 모임원들이 써 온 수십 편의 글들을 함께 보고 고치고 가늠해보면서 좋은 기준을 어느 정도 '체화'할 뿐이다. 그래서 나는 글쓰기를 수영에 비유하곤 한다. 수영 이론을 아무리 많이 안들 실제로 수영을 잘하긴 어렵다. 물에 뜨는 감각을 익히고 나아가는 연습을 계속할 때 비로소 수영 기술이 체화되듯이, 글쓰기도 마찬가지다. 글쓰기 모임에서 이루어지는 일련의 함께 읽기, 피드백, 고치기 과정을 통해 글쓰기의 기준을 몸에 익힐 수밖에 없다.

그럼에도 몇 가지 원칙들은 최소한의 기본기를 다지는 데 도움이 된다. 대표적으로 나는 모든 문장을 '다'로 끝내는 연습을 해볼 것을 권한다. 일상 대화를 하거나 온라인에 글을 쓰고 문자 메시지를 주고받다 보면 구어체에 익숙해진다. 그러나 글쓰기는 기본적으로 문어체를 습득해서 써야 한다는 게 내 생각이다. 일단 모든 문장을 '다'로 끝내는 연습만 해도 구어체가 문어체로 교정되는 효과를 어느 정도 볼 수 있다.

또한 글을 쓸 때는 항상 '문단'으로 쓸 것을 권한다. 요즘에는 온라인에 일상적으로 글을 쓰면서 문장 하나를 쓰고 엔터를 치고, 또 문장 하나를 쓴다. 그러다 보니 문단으로 쓰는 경험 자체가 드물다. 그래서 나는 글쓰기 모임에서는 항상 문장을 이어서 문단을 만들고, 여러 개의 문단으로 만들어진 한 편의 글을 쓰도록 한다.

모든 문장을 '다'로 끝내고 문단들로 글 한 편을 채운다는 기준만으로도, 내가 생각하는 좋은 글의 최소 요건은 갖추어진다. 그다음부터는 그저 끊임없는 실전 경험이 필요할 뿐이다.

글쓰기의 내용을 다루는 방식에서 몇 가지 원칙을 제시하기도 한다. 친절함, 구체성, 솔직함 같은 것이다. 독자들이 작가에 대해 아무것도 모른다고 가정하고 더 친절하게 자신에 대해 알려줄 것, 무엇이든 더 구체적으로 묘사하고 설명할 것, 가능한 한 스스로에게도 솔직하고 독자에게도 솔직한 마음으로 다가갈 것. 이런 기준들을 글마다 적용해 보고 그러한 기준을 충분히 갖추었는지 살펴본다.

그렇게 한 시절, 열 명 내외의 사람들이 '하나의 기준'을 가지고 서로의 글을 치열하게 읽고 감상을 전하고 또 고치다 보면, 적어도 그 '하나의 기준'에서 좋은 글을 쓰는 법을 익힐 수 있다. 나는 그렇게 어느 정도 기준을 공유하는 사람들과 뉴스레터 《세상의 모든 문화》를 운영하고, 여러 권의 공저를 쓰기도 했다. 대표적으로 『세상의 모든 청년』 『나의 시간을 안아주고 싶어서』 『그 일을 하고 있습니다』가 있다.

나와 함께 글을 쓰기 시작했던 많은 작가가 모임이 끝난 후에는 내가 제시한 기준에 머무르지 않고 저마다의 기준을 새로이 만들어간다고 믿는다. 그럼에도 아무런 기준 없이 글을 쓰다가 적어도 하나의 기준을 익혀보려 노력한 것이 글쓰기의 중요한 시작이 되었으리라. 우리는 무에서 유를 창조하는 게 아니다. 유에서 시작하여 고쳐나가면서 자기만의 유를 만들어가는 것이다. 어쩌면 모든 일이 다 그렇지 않을까.

처음부터 혼자서 운전을 잘하기는 어렵다. 지인이건 전문

강사건 처음에는 누군가에게서 운전을 배워야 한다. 그러다 운전에 능숙해지면 자기만의 운전 방법이 생긴다. 아이를 키울 때도 처음에는 부모나 지인을 보고 배우지만, 곧 새 시대에 맞고 아이에게도 맞는 자기만의 육아법을 찾아간다. 글쓰기도 다르지 않다. 내가 이끄는 글쓰기 모임에는 '정지우의 기준'이 있다. 그러나 이 기준은 시간이 흘러 글 쓰는 사람들 안에서 저마다 부단히 깨지고 부서지고 다듬어진다. 오히려 이 기준은 언젠가 반드시 각자의 내면에서 깨져야만 한다. 누구나 각자의 삶을 살고 각자의 방식으로 어른이 되듯, 모든 작가는 각자의 기준과 방식으로 좋은 글을 써가야 하기 때문이다.

스승을 만나면
스승을 죽일 것

청년 시절 몇 년간 혼자서 한창 글쓰기를 이어가다 처음으로 글쓰기 수업이라는 곳에 찾아갔다. 몇몇 아카데미나 문화센터에서 작가들이 글쓰기 수업을 했는데, 나는 그런 곳에서 몇 번 수업을 들으며 내 글을 작가들에게 보여주고 첨삭을 받았다. 다른 수강생들의 평가를 받는 '합평'도 경험했다.

그런데 솔직히 말하면, 대부분의 수업은 별 도움이 되지 않았다. 특히, 작가의 유명세는 글쓰기 수업이 얼마나 좋은가에는 전혀 영향을 주지 않는 듯했다. 대부분의 작가들이 큰 의욕 없이 그저 수업 시간을 채우고 나면 칼같이 집에 가기 바빠 보였다. 어쩌면 그건 작가들의 개인주의가 그만큼 중요하기 때문인지도 모른다.

그러나 딱 한 번, 내게 지대한 영향을 준 글쓰기 수업이 있었다. 그리 유명한 작가가 이끄는 수업은 아니었다. 그렇지만 내가 느낄 때 그는 진심과 정성을 다했다. 그는 내가 쓴 글의 모든 문장을 거론하며 고쳐야 할 점을 말해 주었다. 그리고 무엇보다 직언했다. 그는 자기가 생각하는 좋은 글의 기준을 집요하게 알려주면서, 내 글의 문제점을 일깨워주려 했다. 그 시간은 매우 고통스러웠지만, 그가 시키는 대로 글을 고치려 최선의 노력을 다했다. 그처럼 내 글을 열심히 봐 준 사람을 만난 적이 없었기 때문이다.

그것은 내가 처음 경험한 진짜 피드백이었다. 사실, 나중에 나는 그가 가르쳐준 많은 것을 버렸다. 가령, 그가 강조한 단문 위주의 문체라든지, 지적인 깊이보다는 표면적인 가독성과 속도감 있는 문장에 대한 지향 같은 건 나와 맞다고 느껴지지 않았다. 나는 장문과 단문을 다양하게 구사하고, 독자가 다소 어려워할 수 있어도 깊이 파 내려가는 사유의 글쓰기를 선호했다. 어찌 보면 그건 당연한 일이었다. 글쓰기의 '절대적인 기준'을 아는 사람은 이 세상에 없다. 세상의 모든 작가는 조금씩 다른 각자의 기준을 갖고 있으며 나도 그런 나의 기준을 찾아나가며 작가가 되었다.

그렇지만 명료히 제시되었던 그 '최초의 기준'에 따른 피드백은 매우 중요한 경험이었다. 내 작품을 타자의 시선에서 보는 것, 그것도 매우 꼼꼼하게 바라보는 것, 내가 내 글을 보는 게 아니라 다른 사람의 눈으로 글을 읽는 과정을 진정성 있게 경험하고 나면, 모든 게 달라진다. 그것은 나만의 글을 '시작'하는 시점이었다고 할 만했다. 세상 모든 예술이 마찬가지일 것이다. 스승의 그림을 따라 그리기만 해서는 자기만의 그림을 그리는 화가가 될 수 없다. 결국 처음에는 스승에게서 배우더라도, 이후에는 자기만의 기준을 찾아야만 한다.

결국 부처의 말처럼, 스승을 만나면 스승을 죽여야 한다. 그러나 일단 스승을 만나야 죽일 스승도 있다. 스승을 죽이고 나면, 그때는 나의 길을 가는 것이다. 관건은 스승을 만나는 일을 두려워하지 않는 것이다. 스승을 만나 박살 날 준비를 한다는 것은 스승에게서 배우는 동시에 스승을 죽일 준비를 한다는 말과 같다. 그렇다고 배움을 후회하지는 않는다. 오히려 그럴 수 있어서 너무나 다행이었다고 믿는다.

요즘 아이에게 많은 것들을 가르치면서, 언젠가 아이가 내가 가르치는 것을 버릴 때를 가만히 떠올려본다. 아니, 이미 '버림'은 벌써 시작되었다. 내가 가르친 그림, 놀이, 운동 등을 아이는 벌써 변주하기 시작했다. 나중에는 아빠가 완벽한 존재도 아니었고, 아빠에게 배운 게 전부가 아니었다는 걸 더 잘 이해할 것이다. 부처의 말대로, 부모를 만나면 부모를 죽이고 스승을 만나면 스승을 죽여야 한다. 아이도 그렇게 해서 어른이 될 것이다.

글쓰기 모임을 한다면, 중요한 건 작가의 유명세나 실력보다는 글을 얼마나 진심으로 읽는지 여부일 것이다. 리더가 보내는 진심만큼 모임에 참여하는 사람들도 열성을 다해 글을 쓴다. 이는 리더에게만 해당되는 건 아니다. 모임원들끼리 서로의 글을 진심을 다해 읽어줄 수 있다면, 리더가 없어도 된다. 중요한 건 내 글에 대한 타인의 진짜 마음이 담긴 시선이다. 그런 시선을 보내주는 사람을 만난다면 그 글쓰기 모임은 성공한 것이다.

스승을 만나 박살 날 준비를 한다는 것은
스승에게서 배우는 동시에
스승을 죽일 준비를 한다는 말과 같다.

자기만의 글을 쓰고자 하는 사람들에게

 글쓰기 강연을 할 때면 나만의 '시크릿 코드'처럼 언급하는 세 가지 원칙이 있다. 언제나 시간은 부족하고, 글쓰기에 대해 모든 이야기를 할 수는 없다. 그래서 글을 쓰고자 하는 사람들에게 남기고 싶은 핵심을 간추려보면 세 가지로 수렴한다. 바로 맥락, 대조, 정확한 솔직함이다.
 글쓰기를 어떻게 시작해야 할지 고민하는 사람들에게는 늘 '맥락'을 써보라고 제안한다. 자기만의 맥락을 밝히는 것이 글쓰기이기 때문이다. "돌담에 핀 꽃이 예쁘다"라는 문장은 그 자체로는 별 가치가 없다. 꽃을 보고 나면 누구나 쓸 수 있는 문장이기 때문이다. 여기서 그 꽃이 그날 나에게 예뻐

보였던 자기만의 맥락을 써야 그 사람만의 글이 된다.

예를 들어, 회사에서 집으로 돌아오는 길이었는데, 그날따라 유난히 마음이 울적했고, 선선한 바람이 불기 시작하던 가을의 초입이었고, 어젯밤에 남자 친구랑 싸웠고, 길에 지나가는 사람들의 웃음소리는 유난히 더 마음을 흔들어놓는데, 매일 지나다니던 돌담에서 꽃 한 송이가 눈에 들어왔다. 수십 번도 더 지나간 길이었지만 꽃이 핀 걸 본 적이 없었는데, 그날따라 그 꽃의 노란 색감이 너무도 선명하게 느껴졌다. 나는 그 앞에 바보같이 한참을 머물러 있었다. 지난 몇 년간 그렇게 예쁜 꽃을 본 적이 없는 것 같았다. 이렇게 자기만의 맥락을 쓰면, 이제 그 글은 유일무이한 자신의 글이 된다.

두 번째는 '대조'를 쓰는 것이다. 세상의 모든 글은 그 무엇과 싸우고 있다. 정확히 말해, 세상의 모든 좋은 글은 어떤 메시지를 담고 있고, 그 메시지는 반드시 대립하는 다른 메시지에 발 디디고 있다. 내가 생각하는 사랑이나 행복이 무엇인지에 대해 쓴다는 것은, 사랑이나 행복이라 여기지 않는 것과 대립각을 세운다는 뜻이다. 그렇게 나만의 사랑이나 행복에 관해 이야기한다.

특히, 자기만의 글은 대부분 세상의 통념이나 누구나 당연시하는 것들과 싸우면서 만들어진다. 모두가 행복이 중요하다고 말할 때 인생에서 행복보다 더 중요한 것에 관해 이야기하면, 그 글은 고유한 가치를 얻는다. 모두가 돈이 최고라 하는 시대에 돈이 아닌 다른 것의 중요성을 이야기하면, 그의 글은 눈여겨볼 만한 가치가 있다. 좋은 글은 대개 그 무엇과 직접적으로 또는 간접적으로 싸운다. 지난 주말의 소소한 행복의 가치에 관해 쓴다면, 인생의 거창한 행복이라는 목표와 싸우는 셈이다.

세 번째는 그 모든 것과 어우러지는 내면이 '정확하고 솔직해야' 한다는 것이다. 정확하고 솔직할수록 좋은 글이 된다. 가령, 부모에 대한 글을 쓴다고 하면, 초등학생은 부모님의 은혜에 대해 존경으로 끝맺는 클리셰를 쓸 것이다. 그러나 모든 인간이 그렇듯 부모 또한 결점이 있고, 때론 자식이 부모를 부끄러워하기도 하며, 누구나 부모로부터 상처를 받은 기억이 있다. 그러니 정확하고 솔직하게 쓴다면 단순히 부모를 존경한다고만 쓰지 않을 테고, "때론 부모가 수치스러웠고, 때론 미웠지만, 그래도 여전히 존경한다"라고 이야기할 것이다.

이 세 가지는 어디서 주워들은 것은 아니고, 그저 계속 글을 쓰고 글쓰기 모임이나 강의를 하면서 나름대로 축약한 세 가지 글쓰기 원칙이다. 물론, 글쓰기에는 더 중요한 원칙도 많을 테고, 사람에 따라서는 이런 원칙이 별로 중요하지 않다고 생각할 수도 있다. 그러나 나는 글쓰기를 이야기할 때는 언제나 이 세 가지를 이야기한다. 그리고 이 세 가지 원칙이 글을 쓰고자 하는 누군가에게는 여전히 도움을 주는 것 같다.

특히, 글쓰기 모임은 서로 초고를 보여주고 퇴고하는 과정이 필수적이다. 그 과정에서 서로의 글이 각자의 맥락을 충분히 담았는지, 대조를 활용할 만한 부분은 없는지, 정확하고 솔직하게 이야기할 면은 없는지 함께 고민하고 이야기 나누다 보면 어떻게 퇴고할지 방향성이 보일 것이다.

시선과 용기의
문제

 그동안 글쓰기 모임을 하면서 사람들의 글쓰기가 비약적으로 좋아지는 경우를 정말 많이 봤다. 모임 전에는 글쓰기라는 걸 한 번도 제대로 해본 적 없다는 사람들이 믿을 수 없을 만큼 멋진 글을 써낸다. 처음에는 그게 신기하기만 했지, 메커니즘은 잘 몰랐다. 모임의 무언가가 영향을 미친 건 분명한데, 어떻게 그게 가능한지 나도 의문이었다.
 그런 일이 우연이 아니라 필연에 가깝다는 건, 계속 새로운 사람들과 모임을 이어온 덕분에 깨달았다. 나의 경우, 글이 좋아지는 데 10년은 걸린 것 같다. 그런데 글쓰기 모임원들의 글은 두세 달 만에 좋아지기도 했다. 지금은 그 이유를 알 것 같다.

그건 글을 보아주는 '명료한 시선' 덕이다. 열 명의 사람들이 모여 글쓰기 모임을 하면, 내가 쓴 글을 꼼꼼하게 읽는 9개의 다른 '시선'의 존재가 글쓰기를 정교하게 만든다. 가볍게 읽고 대충 이야기해 주는 게 아니라, 다들 정성 들여 읽고 진심으로 좋은 점과 부족한 점에 관해 솔직하게 이야기해 주면, 글 쓰는 사람은 단어와 문장, 문단의 논리성, 독자에게 전달되는 효과, 글 전체의 메시지 등을 심혈을 기울여 생각할 수밖에 없다.

특히, 합평을 통해 서로의 이야기를 귀 기울여 듣다 보면 내가 특정한 의도를 가지고 쓴 문장이 독자에게 실제로 어떻게 전달되는지, 어떤 느낌과 효과를 주는지, 그래서 어떤 걸 쓰거나 쓰지 않으면 좋은지 등을 섬세하게 인식할 수 있다. 디테일한 '인식'은 그만큼 디테일한 '시선'에서 비롯한다. 그렇기에 글쓰기에서 좋은 사람들을 만나는 건 매우 결정적인 요소다.

그 일에서 핵심 전제는 '용기'다. 내가 쓴 문장을 누군가가 이상하다고 말할 가능성을 감수할 용기, 내가 결코 완벽한 문장만 쓸 수 없다는 사실에 대한 인정, 또 서로가 적개심을 갖는 게 아니라 성장하길 진심으로 바라며 글을 읽어준다는 믿음. 이 모든 것은 일종의 용기에서 시작되며 용기의 관계를 맺어야 성립한다. 용기가 없으면 그 단계로 진입조차 할 수 없다.

사실, 모든 일에는 자신의 문제, 실수, 약점, 실패, 결점을 인정할 용기가 필요하다. 사람은 그런 과정을 통해 배우고 성장한다. 어떤 실험에서 사람들을 두 집단으로 나누어, 한 집단은 특정 내용을 여러 번 읽게 하고, 한 집단은 한 번만 읽게 한 후 문제를 풀게 했다. 이때 후자의 집단이 훨씬 결과가 좋았다고 한다. 한 번만 읽어야 한다는 조건 때문에 더 심혈을 기울여 집중해서 읽었던 것이다. 틀리지 않으면 배울 수 없다. 차를 한 번도 긁지 않고 운전을 잘하는 사람은 없다.

물론, 무언가를 습득해도 그후에 계속하지 않으면 그 감각을 금방 잃는 경우가 많다. 나만 하더라도, 어릴 적에 10년 정도 피아노를 쳤지만 지금은 칠 줄 아는 곡이 없다. 계속하지 않은 것에 대한 아쉬움은 그렇게 남는다. 내가 글쓰기 모임에서 가장 아쉬운 점 역시 다르지 않다. 모임이 끝나고 더 이상 쓰지 않고 그 '시선'의 감각을 잃어버리는 사람들을 볼 때 아쉬움을 느낀다.

그러니까 결국 두 가지다. 상흔을 입으며 정교함을 익히고 난 다음에는, 매일 계속할 것. 삶에서 능숙함과 관련된 문제는 모두 이 두 가지로 수렴된다. 용기로 습득할 것, 인내로 이어갈 것. 그것은 삶 전체를 통해 배워야 할 태도이기도 하다.

디테일한 '인식'은
그만큼 디테일한 '시선'에서 비롯한다.
그렇기에 글쓰기에서 좋은 사람들을 만나는 건
매우 결정적인 요소다.

줄 수 있다는
구체적 감각

글쓰기 모임을 처음 할 때는 누군가에게 글쓰기를 알려준다는 것이 겁도 나고 어색하기도 했다. 그러나 저녁에 모여 밤늦게까지 이어졌던 어느 카페에서의 시간을 사람들이 사랑한다는 걸 안 이후로는, 계속 글쓰기 모임을 생각했다. 내가 누군가에게 구체적인 무언가를 줄 수 있다는 걸 처음 느낀 경험이지 않았나 싶다.

부산에서 아내와 신혼생활을 할 때 떠올렸던 것도 글쓰기 모임이었다. 아내는 아는 사람 하나 없는 낯선 도시에서의 생활을 힘들어했다. 육아로 점철된 나날 속에서, 아내는 하루라도 꾸미고 나설 수 있는 모임이 있으면 좋겠다고 했다. 그래서 성당에 다녀볼까 싶었지만, 결국엔 내가 확신을 가진 모임을 만드는 게 좋을 것 같았다. 나는 쓰거나 읽는 모임이라면 좋은 시간을 보낼 수 있다는 확신이 있었다.

그 시절은 내가 수험 생활을 하던 때라서 정말이지 없는 시간을 쪼개어 아내를 위한 모임을 만들었다. 그런데 그 모임은 나중에는 나를 위한 것이 되기도 했다. 매일 공부하고 육아하느라 나의 정체성이라 할 만한 것을 버리다시피 한 시절에, 그 모임은 내가 누구인가에 대한 감각을 지켜주기도 했기 때문이다. 그 뒤로는 글 쓰는 사람들이나 책을 읽는 사람들과 함께하는 일을 꾸준히 했다.

이후에는 책 한 권을 함께 쓰자는 목표로 여러 사람을 모은 공저 프로젝트를 기획했다. 글쓰기 모임원 중에는 실제로 책을 여러 권 낸 작가들도 있었고, 뉴스레터나 다른 책을 함께 쓴 작가들도 있었다. 대개 공저는 작가들이 의기투합해서 만들지 않는다. 출판사에서 기획하여 작가들에게 개별적으로 연락해 원고를 모으지, 작가들이 나서서 머리를 맞대고 모이는 풍경은 드물다. 더군다나 서로의 원고 하나하나를 성심성의껏 읽고 조언하며 '하나의 책'을 제대로 만들자고 애쓰는 일은, 내가 아는 한 거의 없다.

그러나 내가 하고 싶은 건 바로 그런 일이었다. 글 쓰는 일도 동료들과 함께할 수 있는 일이라는 걸, 고독하게 혼자서

해야 하는 일이 아니라 함께 책을 만들 수 있다는 걸 실현해 보이고 싶었다. 그렇게 과정부터 다소 독특한 '책 한 권' 만들기가 몇 개월간 이어졌다. 매주 밤마다 모여 서로가 쓴 글을 읽고 합평하며 끊임없이 고쳐나갔다. 각자의 원고가 한 권의 책이라는 탑을 이루는 절묘한 조각이 되길 바라며, 중복되는 부분은 걸러내기도 하고, 각자 어떤 이야기를 강조할지 함께 의논했다.

이렇게 나온 책이 내가 주최한 첫 공저 프로젝트의 결과물 『나의 시간을 안아주고 싶어서』였다. 인생의 '모든 시절'에 대한 이야기를 담아낸 책이다. 내 인생 전체를 통틀어, 그 정도의 시간과 노력과 마음을 쏟아서, 이처럼 가치 있는 이야기를 가득 담은, 그러면서도 서로에 대한 선의와 호의를 가진 사람들과 함께해 본 경험은 드물었다. 그때의 기억을 살려, 공저 프로젝트는 이후에도 몇 번 더 이어졌다. 그 여정이 어언 10년에 이른다.

무슨 일에든 첫 순간이 있기 마련이고, 그 일은 예상치 못했던 여러 이유로 이어진다. 스물아홉의 첫 모임에서 만났던 모임원 한 명은 아직도 나와 함께 뉴스레터를 쓰고 있다. 부산에서 아내를 위해 열었던 모임의 구성원들 중 여러 사람이 현재 작가로 활동 중이기도 하다. 그때만 해도 그들과 이렇게 오랜 동료가 되어 인연을 이어갈 줄은 미처 몰랐다.

내가 세상에 줄 수 있는 것을 하나씩 찾다 보니 삶을 가치 있게 쓸 수 있었다는 생각이 든다. 지난 삶을 가치 있었다고 말할 수 있는 것 역시 행운이라고 생각한다. 그것은 대단한 결심이나 대의에서 비롯된 건 아니었다. 그저, 오늘 작게나마 내어준 마음들에 빚진 것이다. 행운은 그렇게 왔다 머물러 있다.

저녁에 모여 밤늦게까지 이어졌던
어느 카페에서의 시간을
사람들이 사랑한다는 걸 안 이후로는,
계속 글쓰기 모임을 생각했다.

두려움 덕에
더 나은 사람이 된다

 10년 가까이 글쓰기 모임을 했지만, 나는 여전히 첫 모임 날이면 긴장되고 두렵다. 아무래도 처음 보는 낯선 사람들이다 보니, 앞으로의 시간을 같이 잘 만들어갈 수 있을지 짐짓 걱정이 되는 것이다. 저마다 가족이나 그 밖의 소중한 사람과 보내거나 즐거운 취미 생활이나 휴식에 쓸 수도 있었을 시간을 이 모임에 쓴다는 것이 부담으로 다가온다. 이 시간은 과연 그만한 가치를 줄 수 있을까? 이런 두려움은 강연이나 칼럼 마감일을 앞두었을 때에도 어김없이 나를 찾아온다.

 그렇지만 막상 그 시간에 들어서서 조금씩 흐름을 타기 시작하면, 두려움은 씻은 듯 사라진다. 서퍼가 파도를 넘듯 그렇게 두려움을 넘고 나면, 그다음에는 나의 시간이 시작된다. 그리고 그 두려움이야말로 내게 필요했던 것임을 깨닫는다. 두려웠기에 대충 하지 않았고, 두려웠던 덕에 온 마음을 다했으며, 두려움이 있어서 진심이 전달될 수 있었다.

『오즈의 마법사』●에는 용기를 얻고 싶은 겁쟁이 사자가 나온다. 사자는 오즈에게 용기를 달라고 부탁한다. 그러자 오즈는 이렇게 말한다. "위험에 직면할 때 두려움을 느끼지 않는 생명체는 없단다. 진정한 용기는 두려워할 때 위험에 맞서는 것이고, 그런 종류의 용기는 너에게는 충분히 있단다."

용기란, 두려움이 없는 상태가 아니다. 오히려 두려움을 끌어안은 상태다. 용기 있는 사람은 두려움을 못 느끼는 사람이 아니라, 두려움에도 불구하고 두려운 그것을 행하는 사람이다.

만약 내가 글쓰기 모임을 잘 만들 수 있을까 두려워하지 않았다면, 강의에 온 사람들을 실망시킬까 두려워하지 않았다면, 독자들의 기대를 두려워하지 않았더라면, 대충 강의하고 적당히 글 쓰고 말았을 것이다. 그러나 그 모든 것이 두려웠기에 나는 진심을 다할 수 있었다. 그로써 세계 최고는 아니더라도, 적어도 내가 만들 수 있는 최선은 해낼 수 있었다.

무죄나 승소를 호언장담하며 소송을 손쉬운 거라 믿는 변호사도 있겠지만, 나는 항상 의뢰인에게 폐를 끼칠까 봐 두렵다. 그 두려움 덕분에, 기를 쓰고 방법을 찾아보고 사방팔방으로 해결책을 탐문해 보기도 하며 의견서 제출 바로 전까지 판례 하나라도 더 찾아보려 한다. 두려움은 나의 힘이고 무기다. 두려움이라는 무기가 있어 나는 더 적확해진다.

겁쟁이 사자는 맹수의 왕이면서도 두려움 많은 스스로를 부끄러워했다. "제 스스로가 겁쟁이인 걸 알고 있는 한 저는 행복하지 않습니다." 그러나 그는 가장 위험한 순간에 과감하게 행동했다. 단숨에 도랑을 뛰어넘고, 마녀와도 용맹하게 맞섰다. 두려움이 없어서가 아니라, 매번 두려움을 넘어섰다. 사자에게 필요한 건 자신이 겁쟁이라는 착각을 잊는 것뿐이었다. 두려움을 그저 받아들이면 되는 것이었다.

두려움을 느끼는 건 잘못도 아니고, 겁쟁이라는 증거도 아니다. 그것은 살아 있다는 증거이며, 잘하고 싶은 마음을 갖고 있다는 뜻이다. 무엇이든 대충 하고 적당히 해치우기보다는, 정성과 진심으로 행하고 싶고 그 누군가에게 좋은 사람이 되고 싶다는 증거다. 두려움에 굴복하지 않는다면, 그래서 두려움을 끌어안는다면, 그 두려움 덕분에 더 나은 사람이 될 수 있다. 한 손에 두려움을, 한 손에 용기를 든다면 말이다.

● 라이먼 프랭크 바움 저, 김진형 역, 『오즈의 마법사』, 올리버, 2025.

두려움은 나의 힘이고 무기다.
두려움이라는 무기가 있어
나는 더 적확해진다.

두려움을 이겨내는 방법,
한계까지 주기

 무슨 일이든 시작하는 건 두려운 일이지만, 그 두려움을 이겨내고 용기를 내는 방법이 있다. 글쓰기 모임을 하면서 나는 그 방법을 배웠다. 그 방법이란, 매번 최선을 다하는 것이다. 글 한 편을 두고 거듭하여 읽으면서, 과연 이 글을 쓴 사람을 위해 내가 이야기해 줄 수 있는 최선이 무엇인지 고민한다. 만약 내가 머지않아 죽는다거나 글쓴이와 영영 다시 볼 수 없다면? 그래서 이번이 내가 그에게 이야기를 남길 수 있는 마지막 기회라면? 그렇다면 나는 무슨 말을 할 것인가?
 그런 태도는 의외로 모임에 임하는 자세를 단순하고도 간결하게, 또 투명하게 만들어준다. 나는 어디까지나 내게 있는 것만을 줄 수 있을 뿐, 그 이상을 줄 수는 없다. 그렇다면 나는 내가 전해 줄 수 있는 이야기를 최선을 다해 전하면 된다. 물론, 그 이야기와 시간에 모든 사람이 최고로 만족할 수는 없을 것이다. 그러나 그건 나의 영역이 아니다. 나의 영역은 내가 전할 수 있는 한계까지다. 내가 더 줄 게 없다고 생각할 때까지 주면 그뿐이다.

그렇게 두려움 반, 설렘 반으로 나의 마음을 정갈하게 하여 내 최대한의 것을 전하고 나면 조금 두근거리는 마음으로 '그다음'을 기다린다. 이것이 그에게 의미가 있을까? 정말로 도움이 될까? 그러다 이윽고 "전해 주신 말씀이 정말 도움이 되었어요. 이렇게까지 진심으로 봐 주시다니 고맙습니다" 같은 말을 듣고 나면, 나의 진심이 닿았음을 느낀다. 짧은 순간이지만, 명확한 기쁨이 있다. 그리고 다음번에 내 손에 다시 들려 오는 글, 그 속에 녹아 있는 성장, 명료한 개선, 더 깊은 열정과 한결 더 다가온 진실을 볼 때면, 나는 내가 할 수 있는 일을 했다는 걸 믿게 된다.

이 글은 100일간 이어졌던 글쓰기 모임을 끝맺으며 쓴 글이다. 모임원들은 그동안 쓴 글들을 모아 책을 만든다고 했다. 그 과정을 곁에서 지켜보면서, 함께 만든 그 시간을 모두가 그토록 소중히 여겨준다는 사실에 마음이 벅차올랐다. 사람과 사람이 모이면, 진심을 담아 글을 쓰고, 그 글을 서로 깊이 읽어주다 보면, 반드시 삶에서 의미 있고 좋은 시간을 만들게 되는구나. 그릇과 같은 시간에 쏟아 넣은 진심들이 모이면, 그 그릇은 풍요로움으로 흘러넘치는구나.

나는 함께 글쓰기 모임을 했던 사람들의 모든 이름과 모든 글을 기억한다. 그 밖의 수많은 이름을 잊어버렸어도, 어느 마음의 가장 깊은 곳에서 빛나는 별빛 조각을 보고 나면, 그 마음의 이름은 잊을 수 없다. 글쓰기 모임을 하다 보면, 많이들 운다. 그리고 밤을 지새운다. 때로 누군가는 더 나은 삶을 살며, 죽기 전에 이 모임을 떠올릴 거라고 말한다.

나도 눈을 감고 생각한다. 수억 광년씩 떨어진 밤하늘의 별들이 이어져 별자리를 만들듯, 그렇게 밤을 건너 만난 사람들이 만들어낸 이 시간이 신화 속 별자리처럼 아름답구나, 소중하구나.

사람과 사람이 모이면,
진심을 담아 글을 쓰고,
그 글을 서로 깊이 읽어주다 보면,
반드시 삶에서 의미 있고 좋은 시간을
만들게 되는구나.

1박 2일
글쓰기 모임

 어느 해의 마지막 글쓰기 모임은 새벽 1시에 끝이 났다. 사실 드문 일은 아니었다. 내 글쓰기 모임은 예전부터 '1박 2일 모임'이라고 불리곤 했다. 저녁에 시작하면 12시 넘어서까지 이어지곤 했기에, 실제로 오늘 만나 내일 헤어지는 셈이었다. 아내는 자정 넘어서까지 온라인으로 떠들고 있는 나에게 적당히 하라며, 그러면 내일 너무 힘들지 않겠느냐고 자주 이야기하곤 했다.
 모임은 항상 소수 정예인데, 한번은 대여섯 명 정도를 더 받았다가 모임 횟수를 두 배로 늘린 적이 있었다. 새벽 1시가 넘어서도 제대로 글을 다 보는 게 도저히 불가능하여, '보충

수업'이라는 명목하에 모임 횟수를 늘린 것이다. 돈으로 환산한다면, 그렇게 보충수업을 늘릴 때마다 시간당 임금은 줄어드는 셈이었다. 그렇다고 해서 글을 '대충' 보고 '적당히' 이야기하는 건 내게 불가능한 일이다.

내가 생각하는 글쓰기 모임의 대전제가 있다. 그건 글을 써 오는 사람들이 모든 마음을 담아 최선을 다해 글을 써 오고 고치는 만큼, 나 또한 시간을 아끼지 않고 내가 할 수 있는 한 최대치의 마음과 노력으로 글을 보고 이야기해야 한다는 것이다. 그런 과정을 통해서만 무언가가 통하고, 그 시간이 진짜 가치 있는, 기억에 남는 값진 무언가가 된다고 믿는다.

할 수 있는 데까지는 해본다는 태도는 언제나 내가 할 수 있는 최대치를 끌어내는 것 같다. 내가 세상에서 글쓰기를 제일 잘 가르치거나, 모임을 제일 잘 이끌거나, 사람들과 가치 있는 글쓰기 시간을 만들어내는 데 일인자는 아니겠지만, 그래도 내가 할 수 있는 최선의 시간을 만들어낸다. 사실, 우리는 살아가면서 그 정도만 하면 된다. 내가 할 수 있는 걸 잘하면 잘 산 삶이다. 대부분의 삶은 할 수 있는데도 못 하거나 안 한 시간들로 뒤덮여 있다.

글쓰기 모임을 함께했던 여러 작가가 책을 냈다. 정인한 작가의 『너를 만나 알게 된 것들』, 허태준 작가의 『교복 위에 작업복을 입었다』, 이지안 작가의 『성격 좋다는 말에 가려진 것들』, 보배 작가의 『우리의 심장이 함께 춤을 출 때』 등은 모두 모임원이 모임 이후 낸 생애 첫 책이다.

이들과는 책을 출간하며 함께 컬래버 북토크를 하기도 했고, 뉴스레터의 필진으로도 오랫동안 함께해 왔으며, 같이 책도 썼다. 저마다 자신의 세계를 만들어가는 좋은 작가들이 많이 나왔다. 뉴스레터를 함께한 사람들만 30명이 넘고, 공저를 나와 함께 쓴 사람도 30명이 넘는다. 나는 내 삶이라는 한정되고 작은 틀 안에서 할 수 있는 만큼 한 것이다.

변호사 일을 하면서도 '할 수 있는 데까지 해보자'는 마음을 계속 이어왔다. 그러다 보니 할 수 있는 데까지 해보고 싶은 마음이 들지 않는 사건은 애초에 맡지도 않았다. 무작정 아무 사건이나 쓸어 담듯이 수임하는 게 아니라, 사건이든 의뢰인이든 내가 최선을 다하고 싶은 일을 맡는다. 이건 내 인생의 모든 일에 해당한다. 삶에는 그릇이 있고, 나는 그 그릇 끝까지만 채울 수 있을 뿐이다. 그릇이 넘치지 않도록, 또 너무 모자라지 않도록, 입술에서 찰랑거리도록 애쓰는 게 내게는 좋은 삶이라 느껴진다.

내가 생각하기에 좋은 삶은 대충 살며 돈을 쓸어 담을 궁리만 하거나, 극도의 효율성만 추구하며 모든 시간과 타인을 수단으로만 삼거나, 얼마나 일해야 할지 몰라 스스로를 번아웃의 구렁텅이에 빠트리는 것과는 거리가 멀다. 좋은 삶은 매번 내게 주어진 하루, 그중에서도 눈앞에 있는 현재 내가 할 수 있는 최대한을 해내며 그에 몰입하고 사는 것이다. 내가 그렇게 몰입할 수 있는 방식을 찾아내려 한다.

나의 독자를
처음 만나는 순간

 글쓰기라는 행위는 여러 방식으로 정의할 수 있다. 그중 하나는 '독자를 만나는 행위'다. 나는 글쓰기 모임에서 독자를 만나는 일을 무엇보다 강조한다. 그렇기에 우리가 쓰는 글이 그냥 일기가 아니라는 점을 분명히 한다. 세상에는 다양한 글쓰기가 있지만, 내가 모임에서 하려는 글쓰기는 '독자를 상정한 글쓰기'다. 혼자 읊조리는 독백이나 혼자서 보고 불태울 일기가 아니라, 누군가에게 읽히고 다가가는 글을 쓰는 것이다.
 이 사실을 끊임없이 상기하고 '독자를 만나는 태도'를 기르는 것이 내가 생각하는 글쓰기 모임의 핵심이다. 독자는 내 감정의 쓰레기통이 아니다. 내가 내뱉은 말을 다 받아줘야 하는 사람도 아니다. 오히려 작가는 독자에게 최선의 예의를 갖춰야 한다. 마치 소개팅 상대를 대하듯이 친절하게 이야기를 전해야 한다. 이야기를 들어주는 독자에게 감사하고, 그들에게 의미나 감동, 재미가 있는 이야기를 정성 들여 전할 의무가 있다.

물론, 모든 예술이나 글쓰기의 태도가 이래야 하는 건 아니다. 예술가에 따라서는 내면에 있는 모든 '날것'을 있는 그대로 드러내는 걸 최선이라 생각하기도 한다. 거기에서 무엇을 느낄지 말지는 어디까지나 수용자가 알아서 할 일이라는 것이다. 그러나 내가 운영하는 글쓰기 모임에서 지향하는 태도는 그와 다르다. 나는 오히려 잘 만든 영화나 드라마를 떠올리기를 권한다.

영화를 소비하는 입장에서는 두 시간이 순식간에 흘러가지만, 그 영화를 만드는 입장에서 보면 엄청난 노력과 시간이 들어간다. 1초 만에 지나가는 장면 하나하나에도 감독의 의도와 정성이 담긴다. 영화 전체에서 딱 3초밖에 등장하지 않는 장면에도 섬세하게 고려한 구도, 배경에 설치한 사물, 순간의 효과음 하나하나까지 시청자를 몰입시키고 감성을 자극하는 장치들로 가득하다. 나는 작가도 그처럼 독자를 고려해야 한다고 말한다.

글쓰기 모임이 좋은 것은 그런 '첫 독자'들을 만날 수 있다는 점이다. 서로 호의를 가진 열 명 남짓의 사람들이 서로의 글을 정성 들여 읽고, 솔직한 진심을 전한다. 좋았던 부분, 이해가 안 되었던 부분, 잘 읽혔던 부분, 읽는 데 불편했던 부분 등을 가감없이 말한다. 상대를 괴롭히거나 비난하기 위해서가 아니라, 서로의 글이 진심으로 독자에게 더 잘 가닿길 바라는 마음에서다. 이것이 내가 하는 모든 글쓰기 모임에서 필수라 생각하는 '합평'이다.

한번은 글쓰기 모임원이 이러한 시간이 있는 글쓰기 모임을 '안전지대'라고 표현한 적이 있었다(여담이지만, 그분은 이후 글쓰기 모임에 관한 논문으로 심리학 박사학위까지 취득했다). 망망대해 같은 세상에서 불특정 다수의 독자를 만나는 건 두려울 수 있다. 그러나 서로 호의를 지니고 모이는 열 명 남짓의 사람들에게 진심을 털어놓으며 글쓰기를 시작하는 건 해볼 만한 일이다. 그렇게 독자를 만나는 연습을 하는 것이다.

글쓰기 모임을 하다 보면 "이런 이야기를 해도 되는지 모르겠다"라는 말을 자주 듣는다. 그러나 글쓰기란 어찌 보면 해선 안 되는 줄 알았던 이야기가 사실은 해도 되는 이야기였음을 깨닫는 과정이기도 하다. 내면의 상처, 내 안의 고민, 차마 주변 사람들에게는 하기 어려웠던 이야기를 꺼내 독자에게 건네는 연습을 한다. 다만 그것을 독자에게 함부로, 거칠게, 폭력적으로 건네는 게 아니라, 오히려 글쓴이가 스스로를 치유하면서 독자까지 위로하는 방식으로 전하는 태도를 배운다. 너와 나의 공감 지대를 찾고, 그로써 작가와 독자에게 모두 필요한 무언가를 만들어낸다.

그렇기에 글쓰기 모임은 세상으로 나가 독자를 만나기 전에 거치는 작은 세계가 된다. 이 작은 세계에서 용기를 얻어 점점 자신의 세계를 확장해 나가는 사람들은 자기만의 글을 쓰는 작가가 된다. 그는 이제 세상 어디에서 어떤 독자를 만나더라도, 자신의 이야기를 성급하거나 거칠게 상대방에게 던지는 게 아니라 찬찬히 설득하며 위로와 공감을 나눌 수 있다. 그것이 내가 믿는 글쓰기 모임이 하는 일이다.

글쓰기 모임을 하다 보면
"이런 이야기를 해도 되는지 모르겠다"라는
말을 자주 듣는다.
그러나 글쓰기란 어찌 보면
해선 안 되는 줄 알았던 이야기가
사실은 해도 되는 이야기였음을
깨닫는 과정이기도 하다.

글쓰기 모임원들의 결혼식

 예전 글쓰기 모임원들의 결혼식에 다녀왔다. '들'이라고 한 건 실제로 모임원 두 사람이 결혼했기 때문이다. 이런 일은 내 삶에서 꽤나 드문 일이 될 것 같아서 꼭 축하하러 가고 싶었다. 두 사람이 함께 진심으로 좋은 삶을 살길 바라며 축하를 건넸다. 경조사는 의무적으로 참석할 때도 있는데 이날은 두 사람을 모두 알아서 그런지 진심이 우러나왔다.
 글을 쓰고 싶어서 나를 찾아온 사람들의 진심을 한 시절 동안 아주 가까이에서 듣고 나면, 깊은 공명 같은 게 일어날 수밖에 없다. 그들은 글을 쓰면서 어디에서도 털어놓은 적 없는 자기의 진실을 생애 처음으로 털어놓기도 한다. 나는 그 진실들을 산 증인처럼 더듬으면서, 그것을 어떻게 글로 자아낼지 고심하고 가늠한다. 이 과정이 몇 번 반복되면 뭐랄까, 영혼과 영혼이 잠시 만난 느낌이 든다.

그 진심 혹은 영혼을 엿보고 나면, 그 사람의 선함 쪽에 더 닿게 된다. 자신의 진심을 털어놓는 사람에게서 악함을 읽어내 기란 쉽지 않다. 그 안에서는 죄책감, 상처, 오랜 희망, 좋은 사 람이 되거나 잘 살고 싶은 마음 같은 것이 흘러나오는데 검은 독 같은 악함이 아니라 여린 수액을 흘리는 참나무의 선함과 비슷하다. 그런 걸 보고 나면, 그 사람의 삶을 응원할 수밖에 없다.

두 사람은 나의 출간 기념회에도 찾아와주었다. 내가 쓴 책 을 서로에게 선물하면서 삶에 대한 중요한 이야기들을 많이 나눴다고 한다. 그런 이야기를 듣고 나면, 어째서인지 나부터 잘 살아야만 할 것 같은 의무감을 느낀다. 내 글을 보고 감동 받았다거나 글이 좋았다는 사람을 만나면 아무래도 엉망으 로 살 수는 없다고 느낀다. 글쓰기는 그런 방식으로 나를 가 르치고 이끈다.

오랜만에 가족들을 대동하여 간 결혼식장에서 두 사람이 만 든 동영상을 보았다. 그러면서, 참 좋아 보인다, 두 사람 참 서 로 사랑하네, 그런 생각이 들었다. 그러다 문득 저 영상 속의 두 사람이 서로 얼마나 사랑하면 결혼까지 하는 걸까, 하는 생각이 들었다. 나도 사랑해서 결혼해 놓고선 말이다. 일생에는 너무나 사랑하여 서로가 없으면 절대 안 될 것 같고, 그래서 영원히 함께 살고 싶다는 약속을 하고 싶은 때가 있다. 그 시절의 힘으로 사람은 오랜 시간을 함께 산다.

누구든 살아가다 보면 생각했던 것과는 다른 일이 일어나고, 상상하지 못했던 갈등을 겪는 날도 있다. 삶을 시작하는 한 커플이 그 모든 날을 이겨내고, 서로에게 더 소중한 사람이 되길 바라본다. 신랑은 결혼하기 전에 '결혼 이유서'를 써서 신부에게 보냈다고 한다. 글쓰기의 힘이 이렇게나 대단하다. 아내와 나는 매년 생일과 결혼기념일마다 서로에게 편지를 쓴다. 그것이 우리에겐 중요한 의식이다. 글쓰기는 삶을 지지한다. 그러니 서로에게 글을 써주는 커플이 완전히 무너지는 건 쉽지 않은 일일 것이다.

스스로의 사회적 의미를
찾는 방법

　우울이나 무기력과 싸워 이기는 방법은 자신의 '사회적 의미'를 찾는 일과 밀접하게 관계된다. 많은 사람이 무기력과 싸우는 사람들에게 내면에서 힘을 찾으라고 한다. 긍정적으로 생각하고, 일어나서 밖으로 나서서, 무엇이든 자기가 좋아하는 걸 찾으라고 말이다. 그러나 내가 생각하는 해법은 다르다.
　나는 인간이 사회적 의미 속으로 걸어 나올 때 자신이 지닌 고유의 힘도 알게 된다고 생각한다. 사회적 의미란 무척 다양할 수 있다. 누군가는 봉사활동을 하면서, 누군가는 종교 단체에서 활동하면서, 누군가는 동호회를 이끌면서 자신의 의미와 역할을 그 작은 사회에서 얻을 수 있다.

사회적 의미를 얻는 가장 흔한 방식은 직업 활동이지만, 직업만이 그런 의미를 주는 건 아니다. 오히려 우리 사회에서 직업은 어쩔 수 없는 돈벌이 수단으로 전락해서 아무런 사회적 의미를 주지 못하는 경우도 수두룩하다. 그렇기에 오히려 우울증, 무기력, 번아웃에 시달리는 직장인도 적지 않다.

중요한 것은 진정으로 관계 맺고 싶은 방식으로 자신의 위치를 찾는 일이다. 직장에서는 시키는 일만 반복해야 하는 말단 사원이더라도, 저녁에는 취미 생활을 하며 누구보다 주체적으로 자기에게 어울리는 방식의 사회적 의미를 찾을 수도 있다.

알코올 및 도박 중독 치료 과정에서도 처음에는 상담이나 약물 치료 등이 동반되지만 궁극적인 목표는 중독자를 사회로 돌려보내는 것이다. 만약 사회에서 적절한 자기 의미 찾기에 실패하면, 그는 다시 중독자로 돌아간다. 그러나 그가 사회 속에서 의미와 역할을 찾고 그 속에서 관계 맺으며 역동적으로 살아갈 수 있다면, 중독의 늪에서 벗어나 계속 걸어갈 수 있다. 사람은 타자 속으로 계속 걸어가야만 한다.

일단 자신의 사회적 의미를 찾으면, 무기력의 늪에 빠지지 않게 우리를 계속 끌고 가는 밧줄 달린 구명보트를 얻은 것과 같다. 늪에 빠지는 것과 반대로 사회적 의미에 이끌려가기 시작하면, 그때부터 우리 안에서는 힘이 생긴다. 이렇게 사회적 의미를 찾은 영역을 안전지대 혹은 구명보트라고 불러도 좋을 것이다. 우리는 그 구명보트를 타고 나아간다.

개인적으로, 글쓰기 또한 어떤 사람들에게는 구명보트의 역할을 톡톡히 한다고 믿는다. 글쓰기는 내면에 있는 것들을 타자와 소통 가능한 형태인 언어로 번역하는 행위로, 그 행위 자체가 타자와 접속하는 일이다. 그리고 실제로 내 글이 누군가에게 읽히고, 이해받고, 받아들여지면서 '나'를 '타자들' 사이에 놓는다. '나'라는 존재가 사회 관계망 속에 배치되고, 그 관계로 나아가며 얻은 힘으로 살아간다.

그렇게 힘이 생성되면, 더 다양한 일도 할 수 있다. 사회적 의미가 공고한 영역이 생기면, 그렇지 않은 무의미의 시간과 영역도 버틸 수 있다. 밤이 되면 나를 찾는 글을 쓰고, 낮이 되면 기업의 부품으로도 살아갈 수 있다. 나의 사회적 의미가 구명보트 속에 안착하면, 다른 곳에서 메마른 채로 상처받아도 금방 회복할 힘을 지닌다. 인간이 무엇을 하든, 그것은 근원적으로 타자들 속에 자리 잡는 일이다. 그 사실을 직시하면, 때론 구원이 된다.

실제로 내 글이 누군가에게 읽히고,
이해받고, 받아들여지면서
'나'를 '타자들' 사이에 놓는다.
'나'라는 존재가 사회 관계망 속에 배치되고,
그 관계로 나아가며 얻은 힘으로 살아간다.

스파르타식 모임이 주는
의외의 온기

 나는 글쓰기 모임을 심리 치유나 상담을 위해 하는 게 아니다. 모임의 분명한 목적은 모임원들이 글을 잘 쓰게 만드는 것이다. 그래서 내가 가장 뿌듯함을 느낄 때는 실제로 모임원이 글을 꾸준히 잘 쓰고 나아가 책까지 내면서 작가로 활동하는 걸 볼 때다. 매우 실용적 목적의 모임인 셈이다.

 그런데 신기하게도 글쓰기 모임이 끝날 때쯤이 되면, 많은 사람이 이 모임을 통해 전에는 하지 못했던 이야기를 할 수 있었고, 때론 집단 상담 현장처럼 값진 시간이었다고 이야기하곤 한다. 사실 나는 스파르타식 모임을 만들어 채찍질하며 어떻게든 글을 잘 쓰게 만들고, 약간 욕심을 낸다면 함께 작가

동료가 되어 이 어두운 세상을 뚫고 가면 좋겠다는 목적을 갖고 있기에, 그런 이야기가 당황스러울 때가 있다.

나는 냉혹한 코치가 되길 바랐는데, 사람들은 어째서 온라인으로 참여하는 이 원거리 시공간에서 치유를 얻는지 생각해 보았다. 그 이유는 첫 번째로는, 이 모임을 나 혼자만 만드는 것이 아니기 때문이다. 나 혼자서는 도저히 그런 따뜻한 시간을 만들어낼 수 없다. 그것이 가능한 건, 어디까지나 모임에 참여하는 열 명 내외의 사람들 덕분이다. 서로 글을 진심으로 읽고 그 마음을 받아주려 하는 그들 덕에 일종의 따뜻한 공기가 형성되고 마음이 눈물처럼 잉크를 통해 전달된다.

두 번째로는, 아이러니하지만 모임의 엄격함에서 오는 힘이 아닐까 싶다. 모임에 명료한 프로세스와 기준, 형식이 존재하지 않고, 그저 '좋은 게 좋은 거지' 식의 따뜻함만 흘러넘치면 그곳은 안전지대가 될 수 없다. 안전하려면 그만큼 강한 울타리가 있어야 하고, 체계가 있어야 한다. 그래야 따뜻한 공기가 울타리를 빠져나가거나 외부의 침범을 당하지 않고 머물 수 있다.

내가 모임을 하면서 가장 신경 쓰는 게 감정적으로 사람을 대하거나 누군가를 편애하고 미워하고 차별하는 일이다. 살면서 가장 감정을 억누르는 시간이 바로 글쓰기 모임이다. 이 시간만큼은, 누구도 사랑하거나 미워하지 않으려 한다. 내가 보는 건 오직 글이고, 글 속에 담긴 것이며, 글 너머의 사람에게 침투해 들어가지는 않으려 한다. 이런 명료한 원칙은 글쓰기 모임을 시작한 후로 지금까지 10년가량 이어지고 있다.

감정이 시작되는 건 오히려 모임이 끝난 이후다. 모임이 끝난 후, 사람들과 때론 사적인 관계를 맺기도 하며 우정의 연대를 만들거나 동료 의식을 쌓아가면서 나는 비로소 관계의 영역에 마음을 연다. 사실, 누적된 모임원들이 많다 보니 모두와 그런 관계를 맺을 수는 없지만, 여러모로 관계성을 다져나가려는 시도도 꾸준히 해본다. 쉽지 않지만, 쉽지 않은 일은 그만한 가치가 있다.

아무튼, 돌이켜 보니 글쓰기 모임은 삼십 대 이후 내 삶에서 가장 중요한 모임이기도 했고, 그를 통해 만난 사람들도 참으로 소중했던 것 같다. 삶이 결국 어떤 사람들과 어떤 관계를 맺고 살아가는가의 문제라면, 내가 만들어온 이 여정도 꽤나 괜찮았다는 생각이 든다. 앞으로도 삶의 중턱을 통과하면서 관계에 대해 많이 고민하겠지만, 내가 소중히 만들어온 이 방식을 잊지 않았으면 싶다.

일에서의 차가움을
유지하기

내가 쓴 책들을 돌아보면, 신기한 점이 하나 있다. 지금껏 썼던 책 중에서 가장 널리 읽히는 것은 『분노사회』 『인스타그램에는 절망이 없다』 『돈 말고 무엇을 갖고 있는가』 등 사회 비판적인 요소가 있는 책이라는 점이다. 현실에서 만나는 사람들은 내 글의 따뜻함이 좋다는 이야기를 할 때가 더 많은데, 사실 나를 사회적으로 먹여 살리는 건 따뜻함보다는 차가움이라는 점이 아이러니하다.

변호사 일도 따뜻함보다는 차가움 쪽에 가깝다. 물론 따뜻한 변호사를 표방하는 경우도 있지만, 어디까지나 의뢰인한테 친절하겠다는 것이지, 변호사 일의 본질은 차가움 쪽에 있다. 사건과 관련된 모든 사실을 차갑게 분석하고 어느 쪽이 옳고 그른지 냉정하게 따지면서 나아가야 하기 때문이다. 차가움에 길들지 못하면 변호사 일은 하기 어렵다.

글쓰기 모임도 경우에 따라서는 따뜻한 응원과 지지가 중요하지만, 나는 상당히 차갑고 엄밀하게 글을 보려고 하는 편이다. 응원과 지지 못지않게 적절한 피드백을 통해 글 쓰는 사람들이 성장하는 경험을 해야 한다고 생각하기 때문이다. 그렇기에 고쳐야 할 점이 많은 글에 대해서는 하나도 빠짐없이 지적하고, 왜 고쳐야 하는지 알려준다. 때로는 피드백할 게 너무 많아서 글 한 편을 두고 한 시간이나 이야기할 때도 있다.

가끔은 이렇게 말하는 게 모질게 느껴지고 상대방이 상처받을까 봐 걱정도 되지만, 적어도 글쓰기 모임에서만큼은 할 말을 다 하려고 한다. 모임원이 상처받지 않게끔 돌려서 말하기도 하지만, 해야 할 말이 있다면 끝까지 한다. 그 순간, 과연 내가 이대로 해줄 수 있는 말을 참고 상대방의 기분에 맞추는 게 옳은지, 그래도 개선의 여지를 믿으며 용기를 내서 말해주는 게 옳은지 고민한다. 여지없이 고민의 결과는 후자가 된다. 내가 미움받지 않으려고 해야 할 말을 해주지 않는 것이 일종의 직무 유기처럼 느껴지기 때문이다. 글쓰기 모임을 이끄는 사람의 책무는 모임원의 글쓰기가 더 나아지도록 이끄는 것이고, 내 마음의 흔들림 때문에 그러한 책무를 저버려서는 안 된다고 생각한다.

 글쓰기 자체에도 비슷한 요소가 있다. 따뜻한 글은 따뜻한 마음으로만 쓰이지 않는다. 오히려 따뜻한 이야기를 너무 따뜻한 마음으로만 쓰면, 감정이 과잉되거나 속된 말로 '오글거리고' 부담스럽게 느껴질 수 있다. 따뜻한 이야기도 최대한 거리를 두고 담백하게 이야기하면, 오히려 그 전체 서사를 담담히 읽어나가며 더 큰 감동이 전달된다. 절제와 차가움이 오히려 전달하고자 하는 핵심적인 따뜻함을 더 정확하게 상대방의 마음에 배달한다.

 다정하고 따뜻하게 사람을 대하는 일은 너무도 중요하지만, 일에서는 차가움이 중요하다고 느낄 때가 참으로 많다. 앞으로도 인생에서 무엇이 중요한지 생각해 보면, 주위 사람들을 따뜻하게 돌보고 삶에 온기를 충전하는 일을 무시할 수 없다. 그러나 한 인간으로서 이 사회에서 살아갈 때는 차갑고 냉철한 마음도 잊지 않아야 한다. 마음을 반으로 갈라, 세상을 헤치고 나갈 저마다의 태도를 길러야 한다.

좋은 글쓰기 커뮤니티에 관한 고민

한때 글쓴이에게 정당한 글값을 주겠다는 좋은 취지에서 글을 쓰면 원고료를 주는 온라인 플랫폼이 몇 군데 있었다. 그러나 이런 커뮤니티는 대부분 오래가지 못했다. 그 이유를 생각해 보면, 커뮤니티에서 흔히 나타나는 일종의 시기심 때문이 아니었을까 싶다. 그곳에는 글 쓰는 사람들이 제법 있었는데, 안을 들여다보면 서열 문제가 있었다. 대부분 인기 있는 글을 쓰는 사람이 큰 원고료를 받아 가는 구조라 상당수의 회원들은 큰돈을 벌어 가는 사람들에게 모종의 시기심을 느끼는 경쟁 구도가 만들어진 것이다.

SNS에서는 팔로워나 '좋아요' 수에 따라 인기가 드러나긴

하지만, 글 콘텐츠가 직접적인 보상 구조로 연결되는 경우는 흔치 않다. 글 쓰는 사람들은 묘하게도 자신의 글에 정체성을 강하게 투여하는 편이다. 내가 찍은 사진이 인기를 덜 얻는 것보다, 내가 쓴 글이 인기를 덜 얻을 때 사람은 더 상처받거나 시무룩해진다. 그만큼 글에는 더 많은 노력이나 진심 혹은 자아를 담기 때문일 것이다.

어쨌든 글에 순위를 매겨 곧바로 돈으로 환원시켜 버리면, 사람들 사이에는 다소 이상한 욕망이 불붙는다. 순수하게 글을 쓰고 즐겁게 토론하는 게 아니라, 서로 경쟁하며 많은 돈을 받는 사람에게 시기심을 느끼고 적대시하는 부정적 욕망이 일어나는 것이다. 이런 경쟁 구도는 갈수록 심화되어 나중에는 글 한 편에 얼마 벌었는지 자랑하는 사람들도 생겨났는데, 같은 곳에 매일 글 쓰던 어떤 이에게는 상당한 시기심과 좌절감을 불러일으켰을 법도 하다(최근에는 생성형 AI의 발달로 이러한 커뮤니티가 생겨날 경우, 더 무분별하게 콘텐츠가 양산될 위험도 있다).

좋은 글에 정당한 원고료를 지급한다는 취지는 매우 바람직하다. 나도 글 써서 밥벌이를 하는 입장에서, 내 글에 더 높은 값이 매겨지면 마다할 이유는 없다. 그렇지만 글의 생산자에게 정당한 대가를 지급하고, 이를 다시 소비자에게 정당한 구독료로 지급받는 차원의 '옳은 방식'과, 좋은 커뮤니티를 만드는 '좋은 방식'은 완전히 다를 수 있다. 오히려 한쪽의 옳은 방식이 다른 쪽에서는 파괴적인 방식이 될 수도 있다.

글쓰기는 일단 SNS에 사진을 올리는 일련의 행위에 비해 더 많은 노력과 각오, 의지가 필요한 행위다. 사람에 따라서는 글 한 편 쓰는 데 며칠이 걸리는 사람도 있다. 왜 그렇게까지 애쓰나 싶지만, 혼자 쓰는 일기가 아닌 이상 대개는 인정받고 싶은 욕구와 관련되어 있다. 좋은 글을 써서, 좋은 지식을 담아서 사람들한테 인정받고 싶은 마음이 상당한 것이다. 그런데 거기에 돈까지 얽히면, 인정에 대한 갈구가 수치화되고 물질적 욕망까지 더해진다. 그야말로 시기심이 발휘될 수 있는 최상의 조건이 되는 것이다.

이쯤 되면, 글쓰기에서 순수한 즐거움이 차지하는 비중은 상당히 줄어든다. 내가 쓴 글을 올리자마자 평가받고, 그것이 곧 돈으로 환원되며, 결국 400원 아니면 1,300원 정도의 금액으로 수치화된다면 글쓴이가 좌절감과 수치심을 느끼지 않을 도리가 있을까. 〈쇼 미 더 머니〉 같은 서바이벌 프로그램을 보면, 마지막 승자가 모든 돈을 가져가고 탈락자들은 즉시 사라진다. 이러한 경쟁 구도는 근본적으로 커뮤니티 형성보다는 승자와 패자가 나뉘는 서바이벌 제로섬 게임의 논리에 가깝다.

이런 문제를 일으키지 않을 법한 더 나은 대안을 묻는다면 나도 커뮤니티 전문 CEO는 아니니 답을 주기는 어렵다. 다만, 사람들이 더 진솔하게 글을 쓰고 서로 피드백을 나누며 소외감이나 박탈감, 시기심을 느끼지 않을 만한 공간을 구축해야 하지 않을까 생각할 따름이다. 소수가 수익을 독점하는 구조보다는, 서로가 진실한 독자가 되는 편이 커뮤니티의 이상적인 모습에 가까울 것이다.

아무튼, 글쓰기와 관련하여 열정적인 실험을 보여줬던 여러 플랫폼을 응원하는 입장이었기에 결과가 다소 아쉽긴 하다. 그렇지만 세상에는 계속해서 글을 쓰는 사람들이 있고, 그들이 좋은 문화를 만들 가능성은 늘 남아 있다고 생각한다. 어쨌든 어떤 플랫폼이 어떤 흥망성쇠를 거치든 계속 글을 쓰는 사람들이 있다. 글쓰기가 삶에 가치 있다고 믿는 사람들과의 연대는 끝나지 않는다.

나의 바람으로는 '글쓰기 모임' 같은 플랫폼이 탄생한다면 어떨까 싶다. 여러 사람이 때론 이합집산하면서 소모임을 만들고, 서로에게 책임감을 지닌 채 진심 어린 조언과 응원을 나누면서, 글쓰기의 여정을 함께하는 것이다. 요즘 온라인에 넘쳐나는 혐오와 조롱으로 점철된 커뮤니티가 아니라, 어디까지나 진심 어린 이야기를 남기고 또 들어줄 준비가 된 사람들이 모일 수만 있다면, 그 공간은 성패와 관계 없이 모두에게 더 값진 기억으로 남을 것이다.

인간을 믿는 마음에
이르는 법

　글쓰기 모임을 하나씩 끝낼 때마다, 삶을 잘 살았다는 생각이 든다. 한 인간으로서, 한 시절과 한 인생을 잘 살아냈다는 생각이 드는 일은 그리 흔치 않다. 대부분의 일이 대체 가능하고, 인간의 의미나 쓸모도 너무 쉽게 사라지는 이런 시대에, 글쓰기 모임을 시작부터 끝까지 이끌며 완주하는 일은 어쩐지 고대의 인간성이 남아 있는 일처럼 느껴지기도 한다.
　왜 그런 마음까지 드는 걸까. 이 한 시절의 모임은 그 어떤 곳에도 없었고, 반복될 수도 없으며, 대체 가능하지도 않기 때문인 것 같다. 나에게는 나만이 가진 글과 인간에 대한 관점이 있고, 내가 믿는 글쓰기의 태도와 방법과 신념이 있다. 그리고 모임이 이루어지는 방식과 함께하는 사람들, 그 속에서 듣고 싶은 것과 이루고픈 성장이 모임마다 고유의 형태로 존재한다.

물론, 세상에는 내가 만드는 모임보다 더 훌륭한 글쓰기 모임이나 수업도 많이 있을 것이다. 그러나 내게는 세상에 전혀 없는, 나만의 모임을 만들 수 있는 고유함이라는 게 있다. 더군다나 글쓰기 모임에 초대하는 사람들도 불특정 다수로부터 무작위로 모으는 게 아니라 나와 SNS 등을 통해 느슨하게라도 연결된 철저히 제한된 범위의 사람들이고, 항상 다양한 모임원들의 조합을 지향하며 선별하다 보니, 매번 모임원의 조합 자체에도 고유함이 있다.

낯선 사람들이 모였지만, 서로 조금씩 마음을 열어가고 깊은 이야기를 나누면서 이윽고 소중한 시절의 인연들로 자리 잡는 걸 곁에서 지켜보면, 내가 이 땅에 태어나서 뭔가 잘했구나, 못하지 않았구나, 인생에서 가치 있는 일을 했구나, 그런 마음이 든다. 사람들이 서로의 이야기를 펼쳐가고 무언가를 길어내며 마음을 열어 보일 때, 내가 무언가 했다고 느낀다.

그러면서도 글쓰기 모임이 신기한 건, 어디까지나 나 혼자서 해내는 일이 아니라는 점이다. 언제나 최선의 팀워크 같은 것이 필요하다. 사람들이 제대로 협조하지 않거나 서로에게 감응하지 못하면, 모임은 말 그대로 망해 버린다. 지금까지 망한 모임은 한 번도 없었다. 그것이 인간에 대한 신비와 신뢰를 일깨운다. 우리는 다 할 수 있구나. 서로 공감하고 감응하며 연결되고 더 나아지고 선의와 지원과 응원과 성장으로 나아갈 수 있구나. 이런 사실을 매번 확인한다.

그렇게 보면 글쓰기 모임은 처음에는 나 자신을 믿는 것으로 시작하지만, 점차 인간을 믿는 마음에 이르는 과정이 된다. 나는 매번 새로운 사람들과 모인 이 자리를 어떻게든 좋은 시간으로 만들어야 한다는 압박감을 느끼면서도 부단히도 스스로를 믿으려 애쓴다. 나는 할 수 있다, 유익한 것을 줄 수 있다, 매번 잘해 왔듯 또 잘할 수 있다, 그렇게 다독이며 스스로를 믿고자 한다. 그러다 모임을 시작되면, 함께하는 사람들을 믿으려 한다. 서로 좋은 시간을 만들 의지, 서로의 글을 대하는 진심, 서로가 더 성장하길 응원하는 그 마음을 믿는다.

나는 아직 살아갈 날이 많고, 이 삶에서 무엇을 해야 할지 알지 못한다. 그러나 삶에서 해야 할 일이 글쓰기 모임에서의 일과 닮아 있다는 건 안다. 여기에는 인생의 본질 같은 것이 있고, 나는 그 본질로 더 깊이 들어설 나날로 내 삶을 밀어 넣을 것이다. 말하자면, 그것은 내가 나를 믿고 인간을 믿고 서로를 믿으며 만들어가는 삶과 세상과 관련이 있다. 나에게는 나도 모르는 이상이 있고, 그 이상은 밤을 넘어 새벽까지도 눈을 반짝이며 무언가를 갈구하며 서로를 믿고 기다리면서 만들어가는, 믿음과 열망의 시간과 관련이 있다.

지금까지 망한 모임은 한 번도 없었다.
그것이 인간에 대한 신비와 신뢰를 일깨운다.
우리는 다 할 수 있구나.
서로 공감하고 감응하며 연결되고 더 나아지고
선의와 지원과 응원과 성장으로 나아갈 수 있구나.
이런 사실을 매번 확인한다.

연말의 '글쓰기 A/S 모임'

나는 매년 연말이면 '글쓰기 A/S 모임'을 연다. 하루 정도 날을 잡아서, 그때까지 글쓰기 모임을 했던 사람들을 온라인으로 불러 모은다. 그중에는 2016년도에 글쓰기 모임을 했던 사람도 있다. 벌써 초등학생이 된 나의 아이가 태어났을 무렵에 함께 모임을 하며 처음 글을 썼다가, 지금은 작가로 활동하고 있는 사람들도 있다. 이렇듯 오래된 인연부터 가장 최근에 함께한 사람들까지, 온라인으로 만났던 참으로 다양한 전 세계 사람들이 이 모임에 참여한다.

처음에는 글쓰기 모임이라는 것도 한 시즌 가르치고 난 뒤에는 별 미련 없이 뒤돌아서는 것이라 생각했다. 대부분의 수업이라는 게 그러니 말이다. 학원이든 대학이든 문화센터든 한 학기 수업을 등록해 듣고 나면, 인연이 딱히 이어지지 않는 게 일반적이다. 그러나 어느 순간부터 그렇게 잊히는 게 무척이나 아쉽고 어딘지 아깝다는 생각이 들었다.

함께 글쓰기 모임을 하면 서로의 내밀한 이야기들을 공유하고, 몇 주간 매우 깊이 있고 밀도 있게 소통한다. 나아가 모임을 주도하고 글쓰기를 도와주는 내 입장에서는 모임원들의 늘어난 글쓰기 실력이 무척 아깝게 느껴지는 순간이 있다. 이렇게나 글을 잘 쓰게 되었는데, 이대로 끝나버리면 대개 글 쓰는 동력을 잃어버리기 때문이다. 그러면 글쓰기가 삶이 되기보다는 모임에 속했던 한 시절의 추억으로 끝나버린다.

타인의 가능성을 보다 보니, 그런 일이 무척 아쉽게 느껴진다. 그래서 마련한 것이 '글쓰기 A/S 모임'이다. 여기서 나는 여전히 글을 쓰고 있거나 쓰고 싶은 사람들을 불러서, 글쓰기를 독려하기도 하고 글쓰기에 대한 고민을 들어주고 상담해 준다. 1년에 한 번이라도, 매년 하다 보면 자주 만나는 것 같은 느낌이 들고 서로에 대한 익숙함도 깊어진다. 그리고 미디어에 글을 기고하거나 연재하는 사람들, 책을 낸 사람들, 출판사와 계약한 사람들, 공모전에 당선된 사람들 등 성취를 거둔 소식도 듣는다.

이렇게 뉴스레터, 공저, 북토크에 이어 A/S 모임까지 글 쓰는 일로 인연을 이어가다 보면, 내 인생의 한 시절이 참으로 의미 있는 일에 쓰였다고 느낀다. 서로의 삶을 응원하며 확장해 가는 여정에 기여했다는 느낌만으로도 잘 살았다는 생각이 드는 것이다. 누구에게나 그런 일이 있다. 자신이 잘 살아냈다고 믿을 수 있는 일을 통해 삶의 가치를 얻는다.

나는 이렇게 작가로 살며 나름 의미 있는 방식을 찾았다. 그런 의미를 찾는 데는 어떤 글을 쓰는지도 중요하지만, 동시에 글 쓰는 여정을 누구와 어떻게 함께하는지 아는 과정도 참으로 중요했다. 최근에 나는 로펌에서 퇴사하고 독립했다(이 여정은 『글쓰기로 독립하는 법』이라는 책에 자세히 실려 있다). 그 이유에는 여러 가지가 있었지만, 내 삶을 더 의미 있는 방식으로 살아보고 싶다는 생각이 크게 작용했다.

삶을 일률적인 기준에 따라 성공과 실패로 나눌 수도 있을 것이다. 작가로서 100만 부짜리 베스트셀러를 쓴다든지, 변호사로서 대형 로펌의 파트너 변호사가 된다든지 하는 통념적 기준 말이다. 그러나 내게는 그런 통념적 기준이 아니라 나름대로 의미 있는 여정을 꾸려나가는 일이 중요하다. 한 번뿐인 삶에서, 나만이 의미 있게 실천할 수 있는 라이프스타일을 찾아내는 것이다. 내 삶의 걸음걸음이 그런 방향으로 향하길 바란다. 곧 다가오는 새해에는 한결 더 나만의 삶에 가깝게 살 수 있길 희망한다.

내가 믿는
가치 있는 일

    퇴사 후 나는 꽤 여러 일을 하며 살고 있다. 변호사 일도 하고, 책도 쓰고, 강의나 방송을 다니며 매일 다른 날을 보낸다. 다양한 사람을 만나는데, 다들 내가 무엇을 하며 사는지 궁금해하곤 한다. 이런저런 이야기를 나누다 보면 내가 가장 좋아하고 가치 있게 여기는 일이 무엇인지 자연스럽게 나온다. 내가 가장 좋아하는 건 글을 쓰는 일이고 가장 보람을 느끼는 일은 글쓰기 모임이다.

    지난 10여 년간 글쓰기 모임원 중 여럿이 작가가 되었다. 청년으로서 의미 있는 목소리를 내는 작가, 커피와 탱고 그리고 사랑에 대해 이야기하는 작가, 또 심리학 분야에서 중요한 책을 출간한 작가 등 여러 작가가 탄생하는 걸 봐왔다.

한 사람이 인생에서 할 수 있는 일은 많지 않다고 생각한다. 내 몸 하나만 잘 건사해도 잘 산 것이고, 가족만 잘 챙겨도 성공한 삶이다. 거기에 더해 친구나 좋은 사람의 인생에 조금이라도 기쁨을 줄 수 있다면, 크게 성공한 삶일 것이다. 대부분 나를 챙기는 것부터 실패하고, 가족과 잘 지내는 것도 어려워한다. 나 역시 다르지 않지만, 적어도 글쓰기 모임 시간만큼은 다른 사람의 삶에 명료하게 '기여'했다고 느낀다. 그래도 이 삶을 살길 잘했구나, 누군가에게 의미 있게 기여했구나, 라고 생각할 수 있어서 다행이고 감사하다.

글쓰기 모임에 참여하는 많은 사람이 처음에는 글을 잘 쓸 수 있을 거라 믿지 않고, 작가가 될 거라고는 생각조차 하지 않는다. 그러나 모임을 하면서 글쓰기의 기준을 갖는 법, 독자와 만나는 법, 자기만의 장점을 찾고 글을 써나가는 법을 배운다. 모임이 끝난 이후에도 모임원들끼리 모여 사적인 모임을 이어간다. 서로 SNS를 공유하며 글쓰기를 응원하는 연대를 만든다. 나는 뉴스레터에 모임원을 초대하는 식으로 글을 쓸 공간을 마련하고자 한다. 그렇게 이어가는 글쓰기 속에서, 누군가는 정말 작가가 된다. 글쓰기로 삶을 바꾼다.

인간이 타인을 구원하기란 좀처럼 쉽지 않은 일이고, 타인의 삶을 바꾸는 건 인생에서 드문 일이다. 내 자식 하나도 제대로 돕기가 쉽지 않다. 그러나 글쓰기를 통해 누군가의 삶은 조금이나마 변한다. 삶에 글쓰기가 들어서면, 공허했던 밤이 채워진다. 책이 나오고 독자를 만나면, 주말에 다른 삶이 생긴다. 삶은 좀더 풍요로워진다. 누군가는 글쓰기에 뛰어들어 새로운 삶을 산다. 나는 그런 여정을 바로 옆에서 지켜본다.

물론, 글쓰기 모임이라는 한정된 시간이 타인의 삶에 기여할 수 있는 정도는 제한돼 있다. 결국에는 그 후에도 글을 꾸준히 이어가려는 의지가 훨씬 중요하다. 삶은 스스로 만들어가는 것이다. 나는 그 여정을 처음부터 응원하고 지지할 수 있어 기쁘다. "내가 글을 써도 되는지 모르겠다" "나 같은 사람이 글을 쓸 수 있을 거라고는 생각해 본 적이 없다"라던 사람들이 누구보다 당당하게 자기만의 글을 쓰며 나아가는 모습을 목격한다. 그렇게 평생을 이어갈 수도 있는, 서로를 지지하는 글쓰기 동료가 된다.

글 쓰는 일은 어찌 보면 외로운 일이다. 소속도 동료도 없이 고군분투하는 작가들이 적지 않다. 그러나 내게는 작가 동료들이 있다. 모험 만화의 주인공이 마을을 돌아다니며 동료를 배에 태우고 항해를 하며 함께 성장하듯, 나도 동료들을 얻는다. 그러니 이 일은 기여하는 동시에 기여받는 일이기도 하다. 삶은 주면서 돌려받는 것이고, 그곳에 보람이 있다.

혼자가 아닌
같이 행복해지는 일

　처음에 작가가 되었을 때는, 책이 온라인 서점 순위권에 오르거나 판매지수가 높아질 때 가장 기뻤다. 좋은 리뷰가 달릴 때도 여러 번 읽으며 좋아했다. 지금은, 그런 일이 있으면 감사하긴 해도 그게 그렇게까지 큰 기쁨을 주지는 않는다. 스스로 생각하기에도 의외인데, 나는 글쓰기 수업을 할 때 가장 큰 보람을 느낀다.
　최근 몇 년간, 작가로 살아가면서 가장 가슴 벅차고 뿌듯하고 가치 있게 여겨진 순간은 글쓰기 모임을 할 때였다. 책이 종합 베스트셀러에 오르는 일보다 글쓰기 모임을 통해 더 깊은 감응을 얻었다. 함께하는 사람들이 그 시간을 너무도 소중하고 가치 있게 여겨주고, 진심으로 몰입하고, 때론 눈물까지 흘리는 걸 보면서 진짜 의미 있는 일을 한다고 느꼈다.

올해 한 일 중 의심의 여지 없이 가장 잘한 일이 글쓰기 모임을 시작한 것이라고 말하는 사람들이 있다. 인생에서 아주 중요한 순간이었고, 전환점이라고 말하기도 한다. 삶과 세상이 새롭게 열린 것 같다고 말하는 사람도 있다. 이런 말을 듣고 나는 무언가 해냈다는 걸 알았다. 나 자신에게, 그리고 함께하는 사람들에게, 혼자서가 아니라 참여한 모두와 함께, 삶에서 가장 값진 시간을 만들어낸 것이다.

글 써서 유명해지고 책을 많이 팔면서 얻는 기쁨은 이에 비하면 그리 크지 않다. 삶에서 절대적일 정도로 중요하고 가치 있는 것을 얻었다고 의심의 여지 없이 매우 분명하게 말해 주는 시간을 누군가와 함께 만들었다는 건, 나 혼자 잘난 맛에 취하는 것과는 차원이 다른 이야기다. 그것은 삶의 본질에 더욱 가까운 일이고, 삶을 값지게 경험하는 일이다.

변호사가 되어서 가장 보람을 느끼는 것이 무엇인지 생각해 보니, 나 자신을, 나아가 가족을, 더 나아가 내가 좋아하고 사랑하는 사람들을 지키고 보호할 수 있는 무기가 생겼다고 느낄 때가 아닌가 싶다. 문제를 바로 보고 해결할 줄 아는 것, 속수무책으로 발만 동동 구르며 불안해하는 대신 실체 있는 무기를 가지게 된 것, 그것이 가장 좋은 일이었다.

사건을 무죄나 승소로 이끄는 것도 보람된 일이지만, 삶에 더욱 단단하게 울타리를 칠 수 있다는 것, 그래서 내가 사랑하는 이들이 나를 의지할 때 도울 수 있다는 사실이 참 값지다. 내면에서부터 좀더 강한 사람이 되었다고 느낀다. 무지를 한 꺼풀 벗겨내고 앎으로 다가서며, 때로는 타인도 지킬 수 있는 거대한 방패가 된다.

  삶에서 중요한 여러 가지가 있지만, 직업적으로도 깊이 있게 느끼는 것들이 생긴다. 일에서의 핵심은 삶의 핵심에도 닿는다. 진정성 있는 삶의 핵심에 도달하는 방법 중 하나는 나의 일에서 가장 가치 있는 순간을 찾는 것이다.

팽창 우주의 별들에게 보내는 신호

연결하는 글을 쓰는 법

한강, 하루키,
계속 쓰기

한강 작가의 노벨문학상 수상 소감문에서 가장 인상적이었던 점은 자신의 나이를 언급한 부분이었다. 몰랐는데, 작가들 사이에는 작가의 황금기가 50세에서 60세라는 통념이 있다고 한다. 그 통념에 따르면 자신에게는 6년 정도가 남았으므로, 남은 시간 동안 세 편 정도의 소설을 더 남기고 싶다고 했다. 나는 그 부분이 가장 좋았다. 그가 가지고 있는 담담한 현실 인식 때문이었다.

누구나 자신의 전성기가 영원하길 바란다. 하물며 비교적 젊은 나이에 노벨문학상을 받았다면, 이제부터 근사한 인생이 펼쳐지리라고 믿을 법도 하다. 전 세계에서의 초청이 이어질 테고, 작품을 내기만 해도 주목받을 것이며, 여러모로 멋진 인생이 펼쳐질 것이라는 기대를 품을 법도 하다. 그러나 그는 남은 시간의 초침 소리를 듣는 것처럼 보였다.

사실 30년간 작품 생활을 해온 작가의 삶이란 참으로 단순할지 모른다. 그저 쓰고 싶은 작품이 있고, 그것을 써내기만 하면 된다. 다만 그 여정이 푹푹 발이 빠지는 진흙 속을 한 걸음씩 옮기는 것만큼 어렵거나 괴로울 순 있다. 여기저기서 교수 자리를 주겠다거나 엄청난 강연료를 주겠다거나 하는 이야기가 넘쳐날 텐데도, 그저 자신이 할 일을 지난 30년과 마찬가지로 생각할 수 있다는 건 그 삶이 어땠는지 짐작게 한다.

노년에 이른 하루키의 삶과 심정에 대해 생각해 본 적이 있다. 그는 평생 매일 달리기를 하며 글을 쓰는 것으로 유명하다. 왠지 내 안에서 그의 모습은 사십 대에 머물러 있는데, 그는 이미 칠십 대를 훌쩍 넘어 팔십 대를 향하고 있다. 그런데 어쩐지 그의 사십 대와 칠십 대가 그다지 다를 것 같지 않다. 그는 그저 쓸 수 있는 데까지 쓰는 삶을 살아왔을 것이다. 전성기가 지났음도 느끼지만 쓸 수 있는 걸 쓰고 있을 것이다. 어떤 작가들의 삶은 그렇게 일관됨을 떠올리게 한다.

어떻게 보면, 눈이 오나 비가 오나, 태풍이 오거나 폭염이 오거나, 노벨문학상을 받거나 금서로 지정되거나, 100만 부가 팔리거나 100부가 팔리거나 상관없이, 자신의 일을 이어갈 수 있는 내면의 힘이란 참으로 부럽고도 대단하다는 생각이 든다. 그렇게 써낸 글을 많은 사람이 좋아할 수도 있고, 비판할 수도 있고, 아무도 관심이 없을 수도 있다. 그런데도 자기의 삶을 묵묵히 이어갈 힘이 있다면, 그 힘을 쌓아낸 것만으로도 그는 고유한 삶을 산 게 아닌가 한다.

바라건대 나도 그랬으면 싶다. 지난 삶을 돌아보면, 내게도 참으로 많은 풍파와 변화가 있었다. 그렇지만 앞으로 20년, 30년 뒤에도 황금기 같은 것을 가늠하면서 그저 내가 쓸 수 있는 최선의 글을 쓰는 사람이었으면 한다.

아마 유혹에 더 많이 휩쓸릴 테고 인생은 그다지 단순하진 못할 것이며 온갖 복잡다단한 일과 사건으로 가득하겠지만, 그래도 내 안에 이어지는 일관됨 하나는 있었으면 싶다. 아무리 힘들고 피곤하고 짜증나고 괴로워도, 오늘 하루치의 글을 읽고 쓰는 일이다. 잠들기 전 자정이 넘어 이제 하루를 마감해야 하는데, 라며 눈꺼풀이 감기는 와중에도, 그래도 오늘치 글을 쓰고 자야지, 라며 잠깐이나마 키보드를 붙잡을 수 있는 마음이 이어졌으면 한다.

왜 그렇게까지 해야 하느냐고 묻는다면 그냥 그런 삶을 살고 싶어서 그렇게 살았다고 답할 수 있었으면 싶다. 삶이 저물어갈 때도 아직 쓰고 싶은 글이 더 남아 있다고 말하며 백지를 검은 글자로 채워나가고 싶다.

언어는
우리를 잇는 실

한강은 노벨문학상 수상 기념 강연에서 평생 두 가지 질문을 좇아왔다고 말했다. 하나는 고통이고, 다른 하나는 아름다움이었다.

"인간은 어떻게 이토록 폭력적인가? 동시에 인간은 어떻게 그토록 압도적인 폭력의 반대편에 설 수 있는가? 우리가 인간이라는 종에 속한다는 사실은 대체 무엇을 의미하는가?"

그는 세계가 왜 이토록 고통스럽고 폭력적인지 끊임없이 물었다고 했다. 그러나 그 폭력 속에서 절망만 느끼기보다는 또 다른 질문을 끝없이 떠올렸다고 한다. 그것이 바로 아름다움에 대한 질문이다.

"동시에 세계는 어떻게 이렇게 아름다운가?"

세상은 폭력으로 가득 차 있다. 아무리 눈감고 등을 돌려도, 이 세상에는 폭력이 가득하다. 최근에는 군대와 총구, 헬기 같은 것으로 직접 모습을 드러내기도 했다.

그러나 폭력은 더 깊고 미세하다. 일상 사이사이, 사람과 사람 사이에도 미세한 권력이 작동하며 서로를 옭아맨다. 특히 우리 사회에서 폭력은 희망을 제거하는 형태로 나타난다. 희망이 없다는 느낌, 냉소와 무기력, 무엇을 할지 모르는 주저함 밑에 폭력과 상처, 결핍이 깔려 있다.

폭력과 맞서 싸우는 사람들은 털고 일어나고 싶어 한다. 내 안에서 나를 억압하고 짓누르는 것과 맞서 싸운다. 그래서 저 아름다운 세상의 유혹에 따르고자 한다. 아름다운 희망에 따라 나아가고, 삶을 변혁시키고, 사회에도 희망을 불어넣는다. 한강은 수십 년간 고통과 아름다움 사이에서 갈등했다고 한다. 그러나 이제야 그 답을 알 것 같다고 말한다.

"첫 소설부터 최근의 소설까지, 어쩌면 내 모든 질문들의 가장 깊은 겹은 언제나 사랑을 향하고 있었던 것 아닐까?"

사랑을 말하기가 어려운 시대다. 실제로 청년들은 서로 사랑하지 않고, 결혼도 육아도 포기한다. 폭력이 얼룩진 세상에서 그래도 사랑하라, 그래도 삶을 사랑해야 한다, 라고 말하는 건 사치 혹은 심지어 폭력처럼 들리기도 한다.

그럼에도 사랑해야 한다. 한강은 그 사랑을 글쓰기에서 찾는다. 쓰는 사람으로 살기 시작할 때, 그는 사실 내면에 고립된 게 아니라 더 많은 사람과 연결되었다는 걸 깨달았다고 말한다. 사실, 우리는 더 많이 사랑하기 위해 살고 있다. 더 이어지고 더 깊어지기 위해 살아간다.

그는 "언어가 우리를 잇는 실이라는 것"을 깨닫는 순간의 소중함에 대해 말한다. 그것은 내게도 매우 중요한 화두다. 이어지고 연결되는 마음이 고통과 폭력을 이겨내고, 삶과 세상에 희망을 내려앉히는 그 일이야말로 가장 중요한 화두다. 끊임없이 쓰면서, 나는 매번 나를 바로 세운다. 더 진정하고 값진 것과 연결될 수 있기를 바라면서 말이다. 그것은 한강이 말하는 사랑과 다르지 않을 것이다.

때와 장소를 가리지 않고 쓴다

얼마 전, 어느 강의의 질의응답 시간에 들었던 이야기가 있다. SNS에 온통 정치나 시사 이야기뿐인데, 매일 꿋꿋이 육아나 일상 이야기를 올리는 내가 신기하다는 것이었다. 그로부터 얼마 지나지 않아, 또 다른 글쓰기 강의에서도 비슷한 말을 들었다. 온통 화려한 사진이나 카드뉴스가 가득한 공간에 제목 이미지와 장문의 글만 올리는 게 인상적이라고 했다.

사실, 이런 이야기는 첫 SNS였던 페이스북에 처음 글을 쓰던 때부터 들었다. 서른 살쯤부터 페이스북에 매일같이 장문의 글을 올렸다. 그때 만난 사람들은 그것을 기행(奇行)으로 여겼다. 원래 거긴 그렇게 긴 글을 쓰는 곳이 아니지 않은가,

어떻게 그렇게 매일 완성된 글을 올리는가, 신기하고 기이하다, 라는 이야기를 아마도 몇백 번은 들었을 것이다.

알고 보면 세상에는 나만큼 글을 많이 쓰는 사람들이 적지 않을 것이다. 주로 일기장에 쓰거나, 블로그나 브런치 같은 글쓰기 플랫폼에 쓰거나, 매일 책으로 만들 원고를 혼자만의 컴퓨터에 쓰느라, 나처럼 '아무 곳에나' 마구잡이로 올리지는 않는 것뿐이다. 나는 매체에는 별 관심이 없다. 어차피 글은 열다섯 살 이후로 20년 넘게 매일 써왔다. 그렇게 써온 글들을 여기저기 올렸고, 그러다가 어디론가 흘러 들어갔을 뿐이다.

계속 쓰는 것은 둘째치고, 때와 장소를 가리지 않고 쓴다는 게 어느덧 나의 정체성이 된 것 같다. 태어나는 아이를 기다릴 때도 나는 수술실 밖에서 글을 쓰고 있었다. 그러니까 그때의 글쓰기는 일종의 기도였다. 간절한 마음을 담아 아이의 탄생을 기다리는 마음을 썼다. 결혼 전날 밤에도, 변호사 시험 사흘 전에도, 할아버지가 돌아가신 날에도 나는 글을 썼다. 때론 일기장에, 때론 방문객이 하루 열 명뿐이었던 블로그에, 때론 팔로워 300명이거나 3만 명인 SNS에 썼을 뿐이다.

통계를 살펴보면, 어느 시점에는 내가 매일 글을 쓰면 매일 팔로워 수가 줄어들었다. 나야 내 글을 쓰며 나아가는 것인데, 누군가는 그게 마음에 들지 않고 아니꼽게 보일지도 모르겠다. 그러나 나는 내 글을 쓸 뿐이니 그다지 신경 쓰지 않는다. 그러다 보면 줄어드는 팔로워보다 늘어나는 팔로워들이 더 많은 날이 있고, 또 어떤 날에는 엄청나게 팔로워가 늘어난다. 결과적으로 팔로워는 꾸준히 늘고 있다. 그러나 그런 걸 일일이 신경 썼다면, 계속 글을 쓰지는 못했을 것이다.

어쩌면 나는 앞으로도 시간과 장소에 딱 맞는 무언가를 실천하며 살기보다는, 그저 내가 믿는 삶의 방식을 언제 어디서나 이어가는 사람으로 살지 않을까 싶다. 그것이 때론 남들 눈에 이상하고 괴이해 보이더라도, 나는 내가 할 수 있고, 해야 하며, 하고 싶은 방식으로 내 삶을 살아가지 않을까.

사실 나 같은 인간이 하나쯤 있어도 세상에 그다지 해가 될 건 없다고 생각한다. 화장실에서 볼일만 보는 사람이 대부분이겠지만, 아이를 욕조에 넣어두고 변기 뚜껑 위에 주저앉아 글 쓰는 사람이 있다 한들 뭐 그리 큰 대수겠는가.

열 명 중 한 명을
찾는 일

"MBTI가 IN으로 시작하는 분들 손 들어보시겠어요?"라고 묻자, 북토크에 참석한 사람 중 90퍼센트가 손을 들었다. MBTI를 맹신하지는 않지만 결과가 무척 재밌었다. "작가님은 생각이 많으신 것 같고 저도 그렇습니다. 생각 정리법을 알려주세요"라는 질문에서 시작된 일이었다.

언젠가 아내는 내가 쓰는 글이 온 세상의 IN 계열 사람들을 모으는 것 같다고 한 적이 있었다. I는 내향성을 의미하고, N은 직관적이고 관념적인 성향을 의미한다. MBTI 성격 유형 검사의 정확성은 둘째치더라도, 스스로 그렇다고 생각하는 사람들이 내 독자라는 건 알 수 있었다.

"사실 저는 책을 그다지 많이 파는 작가는 아니에요. 늘 열 명 중 한 명만 제 글을 좋아하면 된다고 생각하는 편이죠. 세상에는 열 명 중 서너 명의 취향에 맞는 글을 쓰는 작가들도 있을 겁니다. 그분들은 책을 더 많이 팔겠죠. 그러나 저는 열 명 중 한 명만 좋아해 주는 글을 쓰는 것으로도 충분합니다."

내 글쓰기는 첫 책을 썼던 이십 대 때부터 '열 명 중 한 명 찾기'였다. 그렇게 10년 넘게 글을 써오다 보니, '열 명 중 한 명'이 점점 늘어났다. 1,000명 중 100명, 1만 명 중 1,000명 식으로 말이다. 그래서인지 북토크는 정원이 마감되어 사람들이 가득했다. 서점 대표님 말로는, 요즘 북토크 모객이 매우 어려워서 이런 경우가 드물다고 했다. 그러니까 그 자리는 열 명 중 한 명, 그중에서도 주로 IN 계열이라는 희귀한 사람들이 모인 자리가 되었다.

대체로 스스로를 내향적이라 평가하는 사람들이 모인 시간임이 무색하게, 이야기는 마감 시간을 넘기고도 이어졌다. 아마도 동질감을 바탕으로 편안함을 느껴서 많은 이야기가 오간 게 아닌가 싶다. 7시 반에 시작해서 사인회까지 하고 마감하니 10시가 훌쩍 넘어 있었다. 집에 오니 11시 반이었다. 나는 와인을 벌컥벌컥 마시고 뻗어버렸다.

매번 조금씩 다르긴 한데, 예전에는 주로 페이스북에서 보고 북토크에 왔다는 사람들이 많았다. 그런데 이번에는 링크드인과 인스타그램에서 봤다는 사람들이 많았다. 또 최근에 글쓰기 모임을 함께했던 사람들도 여럿 와서 꽤 길게 이야기를 나누기도 했다. 글쓰기 모임을 할 때마다 내게는 반가운 지인들이 늘어나는 셈이다.

인생은 그저 사람 사는 일이고, 사람과 함께하는 일이고, 사람 사이에서 생각과 마음을 나누는 일일 뿐이다. 이 드넓은 세상에서 비슷한 취향, 닮은 성향의 사람을 그렇게 한자리에서 만날 수 있다는 것만으로도 감사한 행운이 아닐 수 없다.

그렇게 보면, 확실히 글쓰기에는 기적 같은 면이 있다. 수많은 사람이 살아가는 이 드넓은 세상에서, 나와 어울리는 사람이 하나라도 있을지 의심하며 오랜 세월을 기다리곤 한다. 나라는 인간은 과연 받아들여질 만한지 고민하고, 때론 남들과 달리 나만 이상한 것 같기도 하다.

글쓰기는 그런 의구심과 고민을 뚫고 나아갈 힘을 준다. 내가 쓴 글이 누군가에게 닿을 때, 그 마음은 다시 돌아온다. 나 같은 인간도 괜찮다고, 나만 이상한 게 아니라고, 나의 이야기를 해도 된다는 메아리가 내 안에 울려 퍼진다.

내가 쓴 글이 누군가에게 닿을 때,
그 마음은 다시 돌아온다.
나 같은 인간도 괜찮다고,
나만 이상한 게 아니라고,
나의 이야기를 해도 된다는 메아리가
내 안에 울려 퍼진다.

타인에게 닿기 위한
언어

 내가 쓰는 글은 대개 나를 위해 쓴 글이다. 나는 누구에게 훈계할 생각도 없고, 현자처럼 인생의 지혜를 설파할 만한 인물도 아니다. 단지, 매일 내게 필요한 말이 있고, 그렇게 글을 씀으로써 내 마음에 도움이 되고자 하며, 실제로 글쓰기를 통해 안정감을 얻을 뿐이다.
 그렇다고 해서 글을 쓸 때 읽을 사람을 전혀 고려하지 않는 건 아니다. 오히려 글쓰기를 계속할수록, 글쓰기는 나를 위한 것인 동시에 그 누군가를 고려하는 일이라고 느낀다. 그러니까 그 누군가를 향해, 그 누군가를 위해 쓰는 건 아니지만, 그 누군가가 '고려 사항'에 포함된다. 나는 나를 위해 글을 쓰지만, 그 글이 누군가에게 닿는다면 그 사람에게도 어떤 의미가 있길 바란다.

이러한 이중성이야말로 글쓰기의 오묘한 점이 아닌가 싶다. 나의 마음, 나의 인생, 나의 생각 정리, 나의 안정, 나의 평화, 나의 반성을 위해 글을 쓰는 동시에 그러한 글을 읽을 누군가를 무의식적으로 고려한다. 신과 일대일의 관계를 맺는 목회자는 어디까지나 신에게 기도를 올리지만, 그 기도를 듣는 청중까지도 무의식적으로 고려하며 말을 고른다. 그는 신과 이야기하고 있겠지만, 동시에 신도들과도 이야기한다.

사실, 언어를 사용한다는 것 자체가 이미 타인과 관계 맺는 일이다. 내가 쓰는 언어는 나만의 것이 아니다. 언어는 모든 사람의 것이고, 모든 사람의 약속이다. 그래서 애초에 어떤 언어를 조리 있게 쓴다는 것, 문법에 맞추고, 말이 되게 쓴다는 것 자체가 다른 사람들과의 약속을 실현한다는 뜻이다. 아무리 나를 위해 쓰더라도, 그 언어는 다른 사람들과 관계 맺고, 다른 사람들과의 약속을 반복하는 일이다. 글쓰기의 가장 특별한 지점이다.

글쓰기가 아무리 홀로 내면에서, 골방에서 이루어지더라도, 그것은 반드시 타인을 포함한다. 애초에 언어는 타인과 닿기 위해, 이어지기 위해, 연결되기 위해 존재한다. 그래서 글을 쓰는 한, 우리는 결코 완전히 혼자가 될 수 없다. 철저하게 가장 혼자인 순간에 글을 쓰더라도, 그 글쓰기는 묘하게 외로움을 해소한다. 언어에는 소통의 꿈이 있고, 그 꿈은 글쓰기를 통해 실현된다. 그래서 글쓰기는 무한한 홀로 있음이면서 동시에 무한한 이어짐이다. 이 역설, 이 모순이 진실이 되는 자리가 글쓰기의 자리다.

그래서 나는 오늘도 누구에게 훈계하거나 무언가를 설파할 마음 없이 글을 쓴다. 그렇지만 그런 글이 그 누군가에게 닿는다면, 그 또한 당연한 일일 것이다. 사실, 우리 각자의 마음이나 삶이란 크게 다르지 않고, 대개 비슷한 차원에서 이어지고 경험되기 때문이다. 그렇게 보면, 글쓰기는 다시 삶까지 연결하는 셈이다. 묘한 글쓰기의 진실 안에 살아서 다행이라는 생각을 자주 한다.

나를 구한 건
8할이 글쓰기였다

내 삶이 난관에 봉착할 때마다, 나를 구한 건 8할이 글쓰기였다. 삶이 지옥에서 뻗어 나온 손처럼 나를 끌어내리려고 할 때면, 나는 글을 썼다. 글을 쓰면 삶을 견뎌낼 수 있었다. 마치 백지 위에 나아가는 검은 글씨들이 나를 뒤따라오는 어둠을 뿌리치는 것처럼 느껴졌다. 계속 글을 쓸수록, 내 안의 불안과 걱정을 떨쳐낼 수 있었다.

아마도 글쓰기에는 본질적으로 '나아가는 힘'이 서려 있는 것 같다. 글쓰기 자체가 백지라는 황무지 위에 무언가를 새기는 일이기 때문일지도 모른다. 내 인생의 여러 문제는 내 등 뒤에 있고, 앞에는 내가 나아가야 할 지평선이 있다. 어딘가에 있을 황금을 캐기 위해 앞으로 걸어가는 개척자의 마음이 글 쓰는 마음과 꼭 닮았을지도 모른다. 어쨌든 나아가면 나아가진다. 살면 살아지는 것처럼 말이다.

내가 수험 생활 시절 그토록 많은 글을 썼던 건, 그것만이 내 삶을 버티게 했기 때문이었을 것이다. 내게는 많은 문제가 있었다. 새로 태어난 아이와 함께 가정을 꾸린 아내를 사랑했지만, 내게는 힘이 없었다. 돈도 없었고, 집안 문제도 있었다. 나는 매일 나아가야 했는데, 나아갈 힘을 내 안에서 찾아야 했다. 그 힘은 '매일 글쓰기'에서 나왔다. 일단 글을 쓰고 나면, 하루 정도는 나아갈 수 있었다. 글쓰기에서 나온 힘의 여운이 하루를 버티게 했다.

그렇게 보면, 글쓰기란 매일 일용할 양식을 주었던 셈이다. 이후에도 나는 계속 글을 썼다. 직장 생활에서 힘들 때나 원치 않는 문제가 삶에 나타날 때, 인간관계에서 괴로울 때면 글을 썼다. 그러면 그런 일을 잠시 잊고 하루를 나아갈 힘을 얻을 수 있었다. 사실, 이런 방식은 내가 이십 대를 내내 버텨낸 방식이기도 했다. 이십 대에는 불안이 습관이었다. 하루도 빠짐없이 불안이 찾아왔다. 그때마다 나는 매번 글을 쓰고 하루를 마감했다.

누구나 한 번뿐인 삶을 사는데, 내가 살고 있는 삶은 글쓰기가 없이는 도무지 상상조차 할 수 없다. 여러 우주 중에서 나는 글쓰기로 견뎌내는 삶이 있는 우주를 산다. 내게 다른 대안은 없었다. 다른 차원의 대안이라면, 사랑하는 사람의 웃음 정도. 그것도 분명 삶의 한 축이긴 했지만, 결국 삶에는 고독한 싸움이 필요한 순간이 있다. 그럴 때 나의 힘은 전적으로 글쓰기에서 비롯했다.

요즘에도 나는 글쓰기가 필요하다. 과거만큼 절실하게 글쓰기에 매달리며 사는 건 아니지만, 그래도 습관처럼 매일 글을 쓴다. 무엇이든 잊기 전에 남기려고 글을 쓰기도 한다. 내게 글쓰기는 천 개의 얼굴을 갖고 있다. 너무도 절실하게 힘이 필요할 때 의지하는 대상이자, 가장 필요 없을 때는 내게 즐거움을 주는 유희의 대상이 되기도 한다. 어쨌든 나는 그렇게 글을 쓰며 살아왔다. 어느 순간부터, 글쓰기와 나는 혼연일체가 되어버렸다. 글쓰기는 내게 그 바깥이 없는 삶이다. 나는 글 쓰는 삶에서 출구를 모른 채 살아간다.

가장 가까운 이들에게
닿을 글

   94세인 할머니는 내가 쓴 책 『돈 말고 무엇을 갖고 있는가』를 다 읽었다고 했다. 마지막에 여섯 명의 인터뷰이들을 하나하나 이야기하고, 책 내용인 유연한 시스템 만들기나 중간의 지옥을 건너는 것까지 모두 언급했다. 나는 할머니가 책을 처음부터 끝까지 다 읽은 게 너무 놀라웠다. 아마 내 책을 읽은 우리나라 모든 사람을 통틀어 할머니가 가장 고령일 것이다.

   할머니는 그때 내 책을 처음 읽었지만, 사실 원래 내 책의 주된 독자는 가족이었다. 가끔 첫 책을 어떻게 쓰게 됐는지 질문을 받는데, 처음 『청춘 인문학』을 썼던 건 내 여동생과 사촌 동생을 생각해서였다. 당시 이십 대 중반이었던 나는 이십 대에 막 접어든 동생들을 위해 무언가 이야기를 해주고 싶었다. 지독하게 방황하고 성찰하면서 얻은 내 나름의 '인생의 답'을 동생들에게 말해 주고 싶었던 것이다.

실제로 동생들은 내 첫 책을 무척 잘 읽었다고 이야기해 주었다. 그 책에서 나는 '현실'과 '삶'이라는 두 가지 개념을 명료하게 제시하면서, 현실도 살아야 하지만 동시에 삶을 살아야 한다는 걸 잊으면 안 된다고 썼다.

요즘에는 이십 대에 내렸던 그 결론이 지금의 나를 가르치는 것 같다고 느낀다. 여기서 말하는 '현실'이란 말하자면 '돈'이고, '삶'은 '돈 외의 다른 것'이다. 살아가면서 현실과 돈을 챙겨야 하지만, 동시에 그 밖의 삶도 믿고 따르는 일도 놓쳐선 안 된다.

당시 나는 현실적인 경력이나 돈을 좇으며 사는 층위와 내게 진정으로 어울리는 삶을 사는 층위를 나누어야 하고, 인생이란 현실이 아니라 삶이 주도해야 하는 것이라고 썼다. 대부분의 사람들이 현실이 삶을 주도하는 '현실-삶'을 살지만, 진짜 살아야 하는 건 삶이 현실을 주도하는 '삶-현실'이라고 말이다. 요즘 들어 내가 만들었던 이 개념이 다시 떠오르곤 한다. 사랑, 꿈, 내가 믿는 가치, 내가 좋아하는 감성과 분위기로 가득한 삶이 나를 이끌어가는 그런 흐름을 따르고 싶다는 생각이 든다. 10년도 더 전의 청년이 더 투명한 눈빛으로 더욱 명료하게 알고 있었던 그 감각을 되찾고 싶다.

아무튼, 내 책은 가족들을 향해 쓰이기 시작해서 그 이후로도 내 가족이 가장 중요한 독자였다. 가장 최근에 쓴 『글쓰기로 독립하는 법』도 마찬가지다. 언젠가의 독립을 고민하는 여동생을 위해 내가 직장에서 독립한 여정을 자세히 써서 알려주고 싶었다. 이 책은 그런 열망 때문인지, 여동생에게 편지를 쓰듯 써서 2주 만에 원고가 완성되었다.

아버지는 내 책을 매번 처음부터 끝까지 밑줄을 치며 읽고 리뷰까지 써서 보내준다. 특히 『사랑이 묻고 인문학이 답하다』와 『사람을 남기는 사람』을 좋아했다. 첫 책을 쓴 후 할아버지와 책 내용에 대해 한참 토론했던 기억도 있다. 할아버지는 대학생 때 배웠던 프랑크푸르트학파 이야기를 몇십 년 만에 읽어본다면서 허허 웃었다. 내가 SNS에 올리는 글은 어머니를 비롯한 친척들이 매일 읽고 있다. 신혼이나 육아에 대한 책은 그야말로 나의 삶, 내 가족의 삶에 대한 부정할 수 없는 증언들로 남아 있다.

이 모든 것은 나에게 글과 삶이 하나라는 결론으로 귀결된다. 세상에는 글과 삶을 분리하여, 삶은 삶대로 살고 작품은 작품대로 쓰며 사는 작가도 있다. 그러나 나는 언젠가부터 글쓰기가 삶에서 떠나는 순간, 무언가 잘못된 것이라는 생각이 들었다. 나의 글은 무엇보다 나와 가장 가까운 사람에게 가닿아야 한다. 그렇지 않다면, 나는 삶의 반대로 가는 것이다. 그럴 바에야 글은 쓰지 않는 게 낫다. 나는 글쓰기가 내 삶을 외면하는 일이 아니라, 내 삶을 가장 가까운 곳에서 챙기는 일이 되길 바란다.

내 글은 94세의 할머니도 읽을 수 있는 글이구나, 나의 할머니에게도 닿을 수 있는 글이구나, 라는 사실이 이상하게 감동적이었다. 그것은 내가 글을 제대로 쓰고 있다는 느낌을 준다. 내가 사랑하는 이들이 이해할 수도 없고 관심도 없는 글을 쓰는 게 아니라, 내가 골방에서 써낸 글이 결국 그들에게 수신된다는 사실이 온전히 살고 있다는 감각을 준다. 언젠가 아이가 커서 내 책을 집어 들 날이 온다면, 그 또한 비슷한 감동을 줄 것 같다. 나는 현실만 집요하게 쫓다가 생을 마감하고 싶지 않다. 이 삶에 발을 딛고 서서 '삶-현실'을 살고 싶다.

사람을 살리는
글이 있다면

언젠가 며칠 사이에 세 사람으로부터 같은 말을 들은 적이 있다. 한 작가가 "작가님은 사람을 살리는 글을 쓰시는 분입니다"라고 한 것을 시작으로, 그 말을 두 번이나 더 들었다. 내 글이 어떻게 사람을 살린 것인지까지는 자세히 듣지 못했다. 그저 그 말을 들었을 때, 어딘지 마음이 뭉클하고 머리가 찌릿했다.

사실, 나는 누군가를 살리기 위해 글을 써본 적은 없다. 세상에는 진정으로 사람을 살리기 위해 애쓰는 직업인들이 있다. 그에 비하면, 내가 쓰는 글은 대개 나를 살리기 위한 것에 가깝다. 아니, 대개는 하루를, 한순간을 버티고 싶은 마음에서 쓸 때가 많다. 이상하게 견디기 힘든 기분이 몰려올 때, 그것들을 이겨내기 위해 쓴 글을 인쇄하여 바닥에 쌓으면 천장에 닿을 것이다.

내가 쓴 글이 누군가를 살렸다면, 그 글은 당시 내게 너무나 필요한 글이었을 것이다. 내가 나를 위로하고 어떻게든 일으켜 세우기 위해, 절실할 만큼 필요해서 쓴 글이었을 것이다. 나는 거기에 글의 신비가 있다고 생각한다. 글은 내 안의 가장 내밀한 곳에 닿을 때 그 글을 마주하는 사람의 가장 깊은 곳에 닿는다.

인간은 각자 다른 인격을 가지고 철저히 분리된 채로 살아간다. 현대 사회에서는 더욱 그렇다. 개개인은 고립되어 있고, 인간과 인간이 연결되어 있다고 여겨지는 기회는 점점 줄어든다. 그러나 글을 읽고 쓰다 보면, 신비주의를 믿게 된다. 눈에 보이지는 않지만 마치 보이지 않는 영혼의 끈으로 인간과 인간이 연결된 것만 같다. 내 가장 깊은 곳에는 당신과 이어질 수 있는 통로가 있는데, 글쓰기는 슬그머니 거기까지 내려가는 일이다.

나는 글쓰기를 '지하수'에 닿는 일이라고 비유하곤 한다. 시작하는 우물은 달라도, 파 내려가서 닿는 수원은 같다. 내 안의 우물을 파 내려가다 보면, 거기에는 타인과 이어지는 지하수가 있다. 내가 여기에 닿으면 이상하게 나도 살아나고 그 누군가를 살려내기도 한다. 누구나 내면에 생명수를 가지고 있는 것이다.

  내가 쓴 글이 누군가를 얼마나 진정성 있게 살려냈는지는 모르겠다. 그러나 그 '살려냄'이 거창한 건 아닐지라도, 오늘 하루를 위로하고, 내일 하루를 살 수 있는 힘을 주고, 삶을 사랑할 수 있는 약간의 여지를 준다면, 생명수 한 방울쯤은 될 것이다. 생각해 보면, 나 또한 나를 살려낸 무수한 글들을 거쳐 여기까지 살아왔다. 문자의 강이 사람을 살려낸다. 언어에는 기이하고도 신비한 힘이 있다.

내 안의 우물을 파 내려가다 보면,
거기에는 타인과 이어지는 지하수가 있다.
내가 여기에 닿으면 이상하게 나도 살아나고
그 누군가를 살려내기도 한다.

서로의 지하수를
만나는 언어

 매일 밤이면, 나는 어딘가에 기대앉아 기도하는 마음이 된다. 세상이 잠시 고요해지길 기다리며, 먼지들이 부딪히는 소리를 듣고, 감은 눈꺼풀 사이로 새어 들어오는 빛의 입자를 본다. 그러면 하루치 쌓인 내 안의 불안, 걱정, 불만 같은 것이 물 위에 조각난 기름 방울처럼 떠오른다. 그러면 또 하루치 글을 쓸 준비가 된 것이다.
 나는 매일 도토리를 모으는 다람쥐처럼 불안을 모은다. 그저 하루가 지나갔다는 이유만으로, 하루를 살아냈다는 이유만으로 불안이 쌓인다. 가족에 대한 걱정, 미래에 대한 고민, 인간관계에 관련한 크고 작은 곤란, 내 안의 불만족이나 삶에 대한 욕구불만 같은 것이 소리 소문 없이 내 안에 들어차 있다. 그러면 고양이 털을 빗겨내듯, 하나씩 그것을 벗겨낸다.

나의 노트는 그런 불안의 무덤 혹은 쓰레기통 같은 것이다. 거기엔 내가 뱉어내고 싶은 삶의 조각이 잔뜩 쓰여 있다. 차마 내 것이라고 인정하고 싶지 않은, 엉망진창인 조각을 일기장에 써내고 나면, 조금 더 정갈해진 마음으로 소재를 골라낼 수 있다. 나는 소재를 낚는 어부가 된다. 그렇게 조금 더 명료한 글 한 편을 써서, 타인들과 소통할 수 있는 공간에 남긴다.

매일의 글쓰기는 나에게 의식과도 같아서, 그저 내 삶에 필요한 그 일을 매일 해나간다. 신비로운 건 그렇게 해나가는 의식 행위가 내 안에 머물며 끝나지 않고, 누군가에게 닿고, 누군가의 삶에 파문을 일으키며, 그와 내가 공명하는 일로도 나아간다는 점이다. 내가 필요해서 쓴 글인데 다른 사람이 자신에게도 필요한 글이었다면서, 나아가 또 다른 이에게도 필요한 글일 거라며 공유하는 일은 그 자체로 이상한 일처럼 느껴진다. 이상하지만, 신비롭고, 좋은 일이다.

때로 글을 쓰는 순간은 이 세상의 다른 사건과도 절묘하게 겹친다. 지금도 그렇다. 글을 쓰고자 하는 마음이 강하게 들어 자리에 앉아 키보드에 손을 올렸는데, 순간 구름이 종일 머금고 있던 수증기를 견디지 못해 비로 쏟아버린다. 이런 적은 한두 번이 아니며, 세상과의 절묘한 우연이나 일치는 무척

흔하게 일어난다. 때론 글을 쓰기 시작하자 비가 그치거나 아이가 잠들거나 해가 구름 사이로 뜬다. 글을 쓰면서 나는 내 안에 고도로 몰두하는데, 거기에서 더 큰 무언가를 만난다.

내면 가장 깊은 곳에는 나만이 열 수 있는 보물 상자가 있을 것만 같다. 그러나 20년 넘게 매일같이 글을 써 온 사람으로서, 우리 안의 가장 깊은 곳에 있는 건 나만의 보물 상자가 아니라 지하수라고 확신한다. 나는 땅굴을 파고 내려가 땅 밑에 숨겨둔 나만의 보물 상자를 찾아가는 것 같지만, 사실 땅 밑에는 다른 사람들의 우물과 이어진 지하수가 있는 것이다. 글쓰기를 할 때, 우리는 타인과, 세상과 이어지도록 되어 있다.

어째서일까? 언어의 기원과 관련이 있을 것이다. 언어는 애초에 세상과 너무도 연결되고 싶은 꿈으로 인해 탄생했다. 사물을 지시하고 그 사물과 연결되고 싶어 언어가 만들어졌다. 타인과 소통하고 타인을 이해하고 타인에게 나를 이해시키고 싶어서 언어는 탄생했다. 그러니 언어가 가장 깊이 닿는 곳에는, 나를 넘어 타인이, 세상이 있다. 언어의 본질은 연결이고, 글쓰기의 본질도 마찬가지다.

그 광맥이 광천수에 닿아 '연결'을 실현하고 나면, 내 안에 쌓인 하루치의 고독한 불안은 사라진다. 대신 고요한 평화가 남는다. 내일 하루의 삶을 또 받아들일 수 있는 단단한, 화강암 같은 백지가 있다. 그렇게 나는 또 하루를 마감하고, 내일을 살러 간다. 나는 이 흐름과 리듬 속에서, 끝없이 정갈해지고 끝없이 더럽혀진다. 그러나 매일 밤, 결국 이 고요에 도달할 수 있다. 어찌 보면, 그것이 내 삶을 살리고 지탱해 온 절대적인 비결이기도 했다.

팽창하는 우주의 별처럼
멀어질지라도

 며칠 전, 기이한 상상을 한 적이 있다. 지나가는 사람들이나 주위의 누구든지 붙잡고 그의 두 눈을 지긋이 바라보면서 많이 외롭지 않느냐고 물으면, 모두가 그렇다고 대답할 것만 같았다. 그것이 내 기분 탓인지 진실인지는 모르겠지만, 우리는 점점 더 외로운 사회에서 그 외로움을 묻어두고 살아가는 것만 같다.
 아주 화가 나거나 짜증을 내는 사람에게 다가가서 혹시 너무 외로운 건 아니냐고 묻는다면, 아마 그는 틀림없이 울음을 터뜨릴 것이다. 우연히도 읽고 있는 책에서, 외로움이 우리 몸에 만들어내는 호르몬은 공격받을 때 뿜는 호르몬과 같다는 내용을 보았다. 외로움이 보내는 극심한 스트레스 반응은 몸에 대한 직접적인 위협과 같아서, 싸우고 싶은 마음이 된다.

사실 내가 이십 대에 『분노사회』라는 책을 썼을 때만 해도 분노와 외로움의 상관관계에 대해 그리 깊이 다루지 못했다. 그러나 보살핌을 받지 못한다고 느낄 때, 내가 그 무언가를 돌볼 만한 가치가 없는 사람이라고 느낄 때, 존중받지 못하거나 아무도 나를 인격적으로 대하지 않는다고 느낄 때, 나의 일이 무시당한다고 느낄 때, 사회로부터 단절되거나 상대적 박탈감을 느낄 때, 모든 건 외로움이 되고 분노가 된다는 걸 이제는 알 것 같기도 하다.

나이가 들어가면서 타인들을 존중하려 필사적으로 애쓰게 된다. 내가 가장 후회하는 순간은 무심코 타인에 대한 존중을 놓아버렸을 때다. 무례했다고 생각될 때 내가 가장 싫거나 후회스럽다. 건방지거나 거만하게 굴며 타인을 소외시켰다고 느껴질 때 수치심을 느낀다. 어쩌면 내가 그 순간 누군가를 더 외롭게 만들었을지도 모르겠다.

글쓰기 모임에 참여한 모든 사람들도 가능한 한 동등하게 대하려 애쓴다. 비슷한 시간을 들여 이야기를 해주고 말하게 하며 가능한 한 차별 없이 객관적으로 대하려 한다. 내가 대단히 성실한 사람이라 그런 것이 아니라 단 한 사람도 그 속에서 소외감을 느끼지 않았으면 싶어서다. 적어도 나와 함께하는 누군가를 더 외롭게 만들거나 더 외로운 사회를 만들지는 않길 바란다.

언젠가부터 내가 하는 글쓰기도 배제하기보다는 이해하려는 쪽으로 심하게 기울어간다. 몇 년 되지 않은 일인데 내가 이 사회의 '외로움'이라는 걸 뼈저리게 느끼기 시작하면서가 아니었을까 싶다. '이 사회는 외로운 사회다. 모두가 외로워한다. 이 외로움, 찢어짐, 벌어짐, 멀어짐을 붙잡아야 한다. 비난이 아니라 이해해야 한다'라는 내 안의 요구를 매우 강하게 느낀 시점이 있었다.

우주가 팽창하며 멀어지는 별처럼, 사람들이 멀어지는 시대다. 그렇기에 우리 사회가 가야 할 방향은 정확히 그와는 반대일 것이다. 서로 존중받는다는 느낌, 낯선 타인이 나에게 친절할 가능성, 당신이 나를 배려하거나 인격적으로 대우할 수 있다는 기대 속으로 다시 돌아가야 하는 것이다. 결코 이해받지 못할 거라는 마음이 이해받고야 마는 그런 미래로 가야 한다. 그 외에 다른 길은 없을 것 같다. 오로지 그것만이 유일한 길일 거라는 확신이 든다.

우주가 팽창하며 멀어지는 별처럼,
사람들이 멀어지는 시대다.
그렇기에 우리 사회가 가야 할 방향은
정확히 그와는 반대일 것이다.

이야기해도
괜찮다는 감각

글쓰기에서 가장 귀중한 경험을 하나 꼽으라면, '이야기해도 된다'라는 걸 깨닫는 순간을 고르고 싶다. 도저히 다른 사람들에게 이야기해서는 안 된다고 믿었던 이야기, 차마 입 밖에 꺼낼 수 없었던 이야기, 타인에게 말하기에는 너무나 두려웠던 이야기, 이야기한들 아무도 경청하지 않을 거라 믿었던 이야기, 그런 이야기를 처음 하는 순간, 인생에서 결정적인 문 하나를 열고 들어간 셈이다.

살아가다 보면, 어떤 이야기는 나도 모르는 새에 내 안의 동굴에 갇혀버린다. 아무에게도 말해선 안 된다고 믿는 이야기들이 내 안에 쌓인다. 말하는 것만으로도 수치스럽거나, 비난의 대상이 되거나, 따돌림당하거나, 말할수록 배제되고 소외될 거라고 여겨지는 이야기들이 있다. 아무에게도 해선 안 된다고 믿는 이야기를 누구나 가지고 있다.

보통 그런 이야기는 열에 아홉은 '상처'와 관련되어 있다. 내가 입은 상처는 이상하게도 치부처럼 자리 잡고, 나의 결함이나 누추함, 망가짐이나 초라함을 증명하는 것만 같다. 왜인지 그런 상처들은 필사적으로 숨기지 않으면 안 될 것만 같다. 누군가에게 그 이야기를 꺼내는 것만으로도 상대방에게 피해를 주는 것은 물론이고, 나 자신도 더 상처를 입거나 초라해질 뿐이라는 생각이 든다.

글쓰기에 기적이 있다면, 남들에겐 결코 해서는 안 된다고 믿었던 바로 그런 이야기들이 쓰이는 순간이다. 한 걸음 더 나아가, 그것이 누군가에게 읽히는 순간이다. 또 한 걸음 더 나아간다면, 그렇게 쓰인 이야기를 누군가가 읽고 받아들이는 순간이다. 그것을 받아들인 사람은 그 이상 뭔가 할 필요는 없다. 그저 글을 읽고, 아주 살짝 고개를 끄덕이고, 잠깐 멈추고, 글쓴이를 떠올리고, 잠시 자기 마음을 돌아보고, 다음 장으로 책장을 넘기기만 하면 된다. 거기까지 간다면, 글쓴이는 인생에서 다리를 건넌 셈이 된다.

자기의 인생을 검은 잉크로 백지에 눌러서 새겨 넣을 때, 몸속에서 영혼의 일부를 뽑아내듯 우리는 그 이야기와 아주

살짝 분리된다. 그리고 그 경험이 계속 이어지면, 그러니까 쓰고 또 쓰다 보면, 그 겹겹이 쌓여서 어느 순간 내가 그 이야기를 받아들이고 있음을 깨닫는다. 경우에 따라서는 내가 그 이야기를 써냈고, 그 이야기가 누군가에게 건네졌고, 계속하여 희석되고, 여기저기로 분화되고, 어느덧 그 이야기가 나만의 이야기가 아니게 되어, 결국은 그 이야기로부터 해방되기도 한다.

글 쓰는 사람이라면 누구나 그 해방감을 알고 있으리라. 그 감각이 우리를 어떻게 다음의 삶으로 데려가는지, 어떻게 삶 앞에 다시 서게 하는지도 짐작할 것이다. 그리고 그 일을 해내는 것이 결국 글쓰기와 맞닿아 있는 사람들의 마음이라는 것, 마음과 마음의 연결과 삼투, 뒤섞임, 희석임을 느낄 것이다.

사실, 나는 그렇게 글쓰기를 통해 자신의 상처와 마주하고 삶으로 걸어 나오는 사람들, 그러면서 울음을 터뜨리고 그다음으로 나아가는 사람들을 여러 글쓰기 모임을 통해 많이 만났다. 그래서 모든 사람에게는 글쓰기가 필요하지 않나 싶다. 마치 예수의 기적을 본 사람이 그를 따르지 않을 수 없었듯이, 나도 글쓰기의 기적을 본 적이 있고, 한편으로는 스스로 경험하며 살아간다. 그리고 그 힘은 궁극적으로는 사람과 사람의 연결에서 비롯됨을 알기에, 그 힘의 실체를 더 믿을 수밖에 없기도 하다.

내가 그 이야기를 써냈고,
그 이야기가 누군가에게 건네졌고,
계속하여 희석되고,
여기저기로 분화되고,
어느덧 그 이야기가 나만의 이야기가 아니게 되어,
결국은 그 이야기로부터 해방되기도 한다.

마음 털어놓을
백지를 찾는 사람들

 한 대기업에서 글쓰기 강의를 했다. 신청자가 1,000명이 넘어서, 그 기업에서는 신청자가 가장 많은 강연 중 하나였다고 한다. 요즘 사람들이 글쓰기에 관심이 많다는 건 느끼고 있었지만, 이 정도일 줄은 몰랐다. 수많은 사람이 간절하게 글을 쓰고 싶어 하는 시대라니, 믿기지 않는다.
 기업 강연은 대개 임직원들을 강제로 앉혀놓고 하는 의무 교육이 많지만, 이번 강의는 다들 자발적으로 신청했다. 그래서 강의 내용을 내 맘대로 정했다. 기업에서 필요한 보고서 잘 쓰는 법이나 비즈니스 에티켓 대신 그냥 글쓰기와 글 쓰는 삶에 관해 이야기했다. 강의가 끝난 뒤 다가와 나누기 어렵고

힘겨운 개인적인 사연을 전해 준 이도 있었다. 그의 말을 듣고 나니 왜 모두들 그렇게 글쓰기를 원했는지 알 듯했다.

그러니까 이 글쓰기에 대한 열광에는 몇 가지 이유가 있다. 누군가는 부업, N잡, 부캐의 관점에서 글쓰기에 관심을 보이지만, 대개는 그보다 더 내밀한 이유가 있는 듯하다. 외로움, 소외감, 박탈감, 무언가 갑갑한 느낌, 이를테면 해방되고 싶은 마음, 해결되지 못한 문제, 엉망진창인 듯한 느낌, 자기 자신을 가눌 수 없다는 감각, 잘 살고 있는지 불안하고 초조한 기분, 이런 것이 글쓰기에 대한 관심으로 직결되는 것 같다.

글쓰기란, 우리 시대가 저질러놓은 어지러움들이 모여 찾아갈 수 있는 해방구나 탈출구처럼 여겨지는 건 아닐까. 한때 화제가 된 드라마 〈나의 해방일지〉에서는 등장인물들이 모여서 '해방일지'를 쓰는 모임을 만든다. 처음에는 별생각 없이 의무적으로 모인 직장 내 동호회였지만, 점점 자신의 깊은 마음을 쓰고 나누면서 해방감을 느낀다. 왜 그런 이야기가 그토록 사람들의 공감을 얻었을까? 누구나 무언가 말하고 싶고 들을 사람이 필요하기 때문이다.

우리는 너무 분리되었고 각자도생하는 삶을 산다. 사람들끼리 만나서 나누는 이야기라고는, 누가 더 좋은 아파트에 사는지, 누가 주식으로 돈을 많이 벌었는지, 누가 더 명품을 많이 갖고 있는지, 누가 더 좋은 곳으로 여행을 갔는지 정도다.

진실한 대화가 멸종되면서, 남은 건 인스타그래머블한(SNS에 올릴 만한) 자기 전시와 비교, 박탈감뿐이다. 그 순간, 사람들은 자기 마음을 털어놓을 백지를 찾는다.

사실 그런 면에서 글을 읽고 쓰는 일이란 그 누군가를 찾아 나서는 여정이며, 서로의 마음을 깊이 들여다보고 이야기 나누는 일이고, 내 안에 억눌러왔거나 감춰오기만 했던 자기 자신을 드디어 안아주는 일이기도 하다. 서로의 글을 읽어주는 일은 서로를 포옹하는 일이기도 하다. 그러니까 글쓰기에 진심인 시대란, 사실 진짜 마음을 찾는 시대가 아닐까 싶다.

강의가 끝나고 나서는 사인회를 했다. 나는 다량의 이벤트 도서가 아니라면, 똑같은 멘트를 쓰지 않으려 애쓴다. 로봇처럼 똑같은 문장만 써내는 건 어쩐지 죄책감이 든다. 그건 진심도 아니고 아무것도 아닌 것만 같아서, 언제나 사인을 하는 데 시간이 오래 걸린다. 그래도 그 순간의 진심 한 줄만큼은 전하고 싶다.

그런 마음을 주고받으며 하루 저녁을 보낼 수 있어서 참으로 감사했다. 나아가 사람들이 각자의 백지 앞에서 '해방'될 수 있기를 바랐다. 저마다 약한 구석이 있고, 백지는 그런 마음을 받아줄 준비가 언제나 되어 있다는 걸 알았으면 했다. 글쓰기를 믿는 사람들이 많아질수록, 나는 세상에 조금 덜 불행한 사람들이 많아지고 세상도 조금 더 좋아지리라 믿는다.

미움받는 존재가
아니라는 감각

    개인적으로 글 쓰는 사람들이 기억했으면 싶은 것이 있다. 생각보다 사람들은 당신을 미워하지 않는다는 사실이다. 이유는 모르겠으나, 글 쓰는 사람들은 실제보다 사람들이 자신을 미워한다고 믿는 경향이 있다. 어쩌면 그런 경향이 있는 사람들이 다른 사람들보다 글을 더 많이 쓰는 것일지도 모른다.

    물론 내가 세상의 모든 글 쓰는 사람들의 마음을 아는 건 아니니, 지나친 일반화인지도 모른다. 그런데 내가 가까이에서 본 글 쓰는 사람들, 글을 쓰고자 하는 사람들, 글쓰기로 스스로를 달래거나 위안받으려는 사람들, 마음으로부터 글쓰기를 해나가는 사람들에게는 그런 경향이 있는 것 같다. 정작 사람들은 생각보다 우리에게 무관심하고, 생각보다 우리를 미워하지도 않는데 말이다.

의외로 많은 사람이 타인을 이해하고 받아들일 준비가 되어 있다. 그리고 그렇게까지 쉽게 남을 미워할 사람은 그리 많지 않다. 때론 혐오나 증오, 선동 같은 게 온 사회를 뒤덮고 있는 것처럼 보여도, 실제로 악마보다는 인간이 더 많다. 인간은 자기가 불완전한 것도 알고, 타인이 불완전한 것도 안다. 인간은 자기에게 있는 여러 욕망을 알아서, 타인의 욕망도 이해한다.

글 쓰는 사람들은 때론 자신이 글로 표현하는 모든 마음이 다른 사람에게 받아들여지지 않으면, 자신이 미움받기 때문이라 믿는 것 같다. 사람이 다른 사람의 의견에 전부 동의할 수 있을까. 그 사람의 의견에 절반만 동의하더라도 대단한 일일 것이다. 그러니까 우리가 누구에게도 100퍼센트 동의할 수 없듯이, 그 누구도 우리에게 100퍼센트 동의할 수 없다. 타인을 완전히 이해할 수 없듯이, 그 타인에게서 완전히 이해받을 수도 없다. 그것은 서로를 미워해서가 아니라, 그저 인간이기 때문이다.

때론 이해하고 동의하되 때론 이해되지 않고 동의할 수 없더라도, 서로에 대한 끈을 놓지 않고 살아가는 것이 곧 인간의 관계이고 삶이다. 사랑의 절정에 있는 연인들조차 서로의 마음을 완전히 이해하고 받아들이기 어렵다. 하물며 글쓰기로 꺼내놓는 마음을 타인들이 모두 받아들일 수는 없다. 그러니 그건 결코 당신이 미워서가 아니라 인간이기 때문이다. 그럼에도 많은 사람이 당신이 사람이라는 이유만으로, 나와 같은 연약한 존재라는 이유만으로 당신을 이해하고 싶어 한다.

그러니까 글 쓰는 사람으로서 그런 사람들의 마음을 밀쳐내지 않길 바란다. 당신을 완전히 이해하거나 받아들여주지 않는다고 해서, 그 사람이 나쁜 건 아니다. 오히려 당신을 이해하고 싶어 하는 사람들의 마음을 알아주었으면 한다. 당신이 글을 쓴다는 이유로, 당신의 방에 노크까지는 하지 않더라도 당신이 방문을 열고 나오기를 기다리는 사람은 적지 않다. 그래서 글 쓰는 사람들은 때론 기적을 만난다. 추운 겨울, 문을 열고 나왔더니 누군가가 목도리를 한 채로 입김을 불면서 한참 기다리고 있는 것 같은 기적 말이다.

나는 글쓰기 전도사도 아니고 글쓰기의 구루도 아니지만, 그래도 글쓰기가 주는 경험에 관해서만큼은 확실히 알고 있다. 글쓰기는 인정과 미움과 자기 확신과 자기 혐오의 진흙탕을 오가는 것이다. 그리고 글 쓰는 사람이 믿음을 잃지 않는다면, 그러니까 글쓰기가 나의 마음으로 누군가의 마음에 반드시 가닿는 일이라는 믿음을 잃지 않는다면 글쓰기가 주는 것이 더 많다. 그건 어쩌면 인생에서 가장 값진 것일 수도 있다.

글 쓰는 사람들은 때론 기적을 만난다.
추운 겨울, 문을 열고 나왔더니
누군가가 목도리를 한 채로 입김을 불면서
한참 기다리고 있는 것 같은 기적 말이다.

부분의 진실을
포기하기

 글쓰기란 항상 어느 정도 진실을 포기하는 일이다. 달리 말해, 글로 쓰이는 순간 모든 진실은 어느 정도 희생된다. 사랑하는 사람과의 관계에 대해 쓴다고 하면, 아무리 위대한 작가라 하더라도 두 사람 사이의 '모든 것'을 담을 수 없다. 관계에 있는 온갖 감정, 복잡한 사정, 모순, 불협화음, 화해의 순간, 관계를 정의하고 전복하는 방식은 일부만 담길 뿐이다. 그래서 글쓰기란 진실에 접근하고 진실을 담으려는 동시에, 진실을 베어 먹듯이 일부를 희생시킨다.

 글쓰기 수업을 하다 보면, 모든 진실을 담으려다가 온전한 한 편의 글을 구축하지 못하는 경우를 자주 본다. 그럴 때 필요한 건 어떤 진실을 쓸 것인지, 진실의 어느 부분을 담을 것인지 취사선택하는 일이다. 진실의 다른 부분은 다음에 쓰면 된다. 다음에 글을 쓸 나, 내일 글을 쓸 자신을 믿고 진실의 일부를 누락시켜야 한다. 그래서 글쓰기는 진실의 일부를 담는 용기이고, 일부를 포기하는 인내이며, 내일을 믿는 믿음이다.

때로 글쓰기 앞에서 내면의 검열자를 만나곤 한다. 그것이 진짜 진실이 맞을까? 지난 여행에 대해 행복하다고 쓰고 있지만, 사실 그 속에는 짜증스러운 순간도 있지 않았을까? 행복하다고 쓰려는 건 타인들의 시선에 행복해 보여야 한다는 강박 때문은 아닐까? 그런 식의 검열이다. 때로는 그런 질문에 단호하게 대답할 필요가 있다. '맞아, 그렇지만 행복했던 것도 사실이야. 행복으로 24시간을 다 채운 건 아니지만 그 전체를 행복으로 정의하고 싶은 게 나의 진실이기도 해. 그 전체를 행복으로 기억하고 싶은 것, 그것 또한 나의 진실이야' 하고 말이다.

자기 자신에게 엄격한 사람이 되어야 한다고 교육받곤 하지만, 글쓰기에서는 자기 자신에 대한 엄격함과 관대함이 모두 필요하다. 나의 진실이 무엇인지 스스로 되묻는 엄격함, 그리고 진실은 언제나 일부의 진실이라는 사실을 인정하는 관대함 말이다. 그렇게 자기 자신에게 관대함의 문을 열어주었을 때 계속 글을 쓸 수 있다. 끝없이 남을 수밖에 없는 진실의 여분을 계속 써내기 위해 내일도 글을 쓴다. 결코 100퍼센트의 진실을 담을 수 없기에 글쓰기는 무한하게 이어진다.

그런 점에서 글 쓰는 사람은 진실을 향해 끝없이 파 내려가는 광부이기도 하다. 그러다 보면 진실의 조각들, 작은 다이아몬드, 루비, 사파이어 같은 것을 얻는다. 그러나 결코 순도 100퍼센트의 모든 조각이 모인 진실 덩어리를 만날 수는 없다. 글 쓰는 사람은 영원히 조각을 주워 모은다. 그리고 그러고 있음을 스스로 인정한다. 그럴 수밖에 없는 자기 자신을 탓하면서도 용서하며 나아간다.

달리 말하면, 글쓰기에서는 '완벽주의'를 버릴 필요가 있다는 것이다. 완벽한 글을 쓸 수 없고, 완벽한 진실을 담을 수도 없다. 그저 매번 진실의 조각을 써내는 것이고, 그것만으로도 작은 성공을 이루었다고 믿어야 한다. 못다 쓴 진실은 내일 쓰기로 한다. 완벽한 글을 쓸 수 없기에, 그 덕분에 매일 또 글을 쓴다. 완벽하지 못한 건 죄악이나 실패가 아니라, 다른 의미의 성공이다. 매일의 글쓰기 여정을 이어갈 수 있다는 점에서 매일의 성공이라 부를 수 있을 것이다.

때로는 그런 질문에 단호하게 대답할 필요가 있다.
'맞아, 그렇지만 행복했던 것도 사실이야.
행복으로 24시간을 다 채운 건 아니지만
그 전체를 행복으로 정의하고 싶은 게
나의 진실이기도 해.
그 전체를 행복으로 기억하고 싶은 것,
그것 또한 나의 진실이야' 하고 말이다.

응원이 희귀한 사회의 이글루

 글을 쓰며 산다는 건 대개 스스로 적을 만들며 사는 일이기도 하다. 내가 아는 한, 대부분의 작가들은 자기를 싫어하는 사람들을 알고 있다. 무언가를 표현하는 순간부터 가까운 곳에서부터 먼 곳에까지 논평의 대상이 된다. 넓은 범주에서 보면, 살아 있다는 것만으로도 누군가의 비난, 비판, 평가, 시기, 질투, 멸시, 혐오, 증오 등을 받는다.
 그러나 그런 걸 전혀 받지 않으며 살아가는 존재란 없다. 아무리 조심스럽게 살아가도 우리의 존재 자체는 대개 그 누군가에게 불편하다. 사회의 통념에 따라 살지 않는 사람은 사회의 통념에 따라 사는 모든 사람의 잠재적인 적이 된다. 몇

몇 조사에 따르면, 우리나라는 전 세계 68개국 중 아홉 번째, 33개국에서 다섯 번째로 '빡빡한 사회'다.● 그만큼 타인들에 의한 구속, 규범의 억압, 수많은 시선, 눈치 볼 일이 범람한다. 달리 말하면, 오지랖과 간섭, 비난과 참견이 많다.

그렇기에 우리나라에서 무언가를 표현하며 산다는 건 타인의 시선뿐 아니라 자기 내면에 넘어야 할 허들도 많은 일이 된다. 자기를 표현하는 일이 쉽지 않고, 각종 커뮤니티에 모두 익명으로 숨어서 억눌린 내면을 간신히 표현할 따름이다. 그래서 아예 글 쓰는 일을 두려워하기도 하고, 매우 심각하게 여기기도 한다. 표현하며 살 수 없게끔 서로 눈을 부릅뜨고 감시하는 느낌마저 드니, 글 쓰는 사람들은 더 단단하게 마음을 먹어야 한다.

그래서 작가들끼리 만나면, 대개는 그런 고충을 들어주고 응원해 준다. 나는 당신을 응원한다, 당신의 글을 좋아하고 당신이 계속 쓰면 좋겠다, 늘 잘 읽고 있다, 그런 이야기들이 서로에게 참으로 힘이 된다. 한편으로, 글을 계속 쓰기 위해서라도 그런 동료들은 필요하다. 서로를 응원해 주고 지지해 줄 사람들, 당신이 표현하는 일, 살아 있는 일, 존재하며 살아가는 일 자체가 잘못되지 않았다고 말해 줄 울타리가 필요한 것이다.

나는 그런 지지와 공감, 응원을 글에 담으려 애써왔다. 내가 쓰는 글이 누군가에게는 작은 울타리가 되어주길 바라기도 했다. 그래서 오래전부터 나의 글쓰기는 '소수'를 위한 것이라 말하기도 했다. 나와 같은 마음으로, '빡빡한 사회'에 저항하면서 내면의 공간을 지켜나가는 사람들을 위해 글을 쓴다. 내가 하는 독서 모임이나 글쓰기 모임은 이 세상에 만들고 싶었던 이글루 같은 것이기도 하다.

글 쓰는 사람은 타인들의 웅성거림, 비꼼, 고의적인 몰이해, 악의적인 왜곡, 표현하는 사람을 끌어내리려는 충혈된 눈빛, 그런 것들과 싸우지 않으면 안 된다. 내가 편들고 싶은 건 표현하는 사람들 쪽이다. 자신의 내면과 상처가 잘못되지 않았고, 목소리와 삶이 틀리지 않았음을 확인받고 싶어 하는 사람들의 편이고 싶다. 나는 그것을 위해 계속 쓴다. 죽을 때까지 계속 쓸 것이다. 그렇게 쓰는 사람들의 편에 설 것이다.

● 우즈, 이렘. (2015). 「68개국의 문화적 긴밀성-이완성 지수」.《문화 간 심리학 저널(*Journal of Cross-Cultural Psychology*)》, 46(3), 319-335.; 겔펀드, 미셸 J. 외. (2011). 「긴밀한 문화와 이완된 문화의 차이: 33개국 비교 연구」.《사이언스(*Science*)》, 332(6033), 1100-1104.

선을 찾기 위한
시행착오

나에게는 스무 살 때부터 썼던 블로그가 열 개쯤 있다. 네이버에만 몇 개가 있고, 티스토리, 이글루스, 브런치 등 플랫폼에 계속 계정을 바꿔가며 글을 썼는데, 대부분은 폐쇄했다. 그 이유는 어느 순간이면 내가 너무 많은 이야기를 했다고 느꼈기 때문이었다. 내 안에 있는 솔직한 이야기들을 끊임없이 토해 내다 보니, 나의 온갖 감정이나 자아, 욕망에 대해 너무 많이 털어놓았다는 생각이 들곤 했다.

그러나 그 시절에는 그런 일이 필요했다. 내가 누구인지, 어떤 기준으로 살아가야 하는지, 무엇이 옳고 그른지, 어디까지가 나의 진짜 욕망인지, 어디부터가 허위나 허영인지, 매번 치열하게 탐구하며 내 안을 헤집어놓아야 했다. 그러다 보니 지금 보면 쓰지 않을 이야기가 가감 없이 담겨 있기도 했다. 그런 글이 쌓이면, 어느 순간 블로그를 닫아버리고 새 계정을 만들곤 했던 것이다.

그렇게 일종의 자아 탐구 과정, 내 안의 나를 파헤치고 견뎌내던 방식, 무엇을 쓰고 쓰지 말아야 할지에 대한 기준과 선 같은 것을 10여 년쯤 고민한 뒤에야 나는 조금은 안정된 자아를 형성할 수 있었다. 그 전까지 사실상 익명으로 살아왔다면, 서른 살쯤부터는 안정된 자아를 구축하면서 나름대로의 글쓰기를 실현한 셈이다.

그러니까 내게는 실패한 자아가 열 개쯤 있었던 셈이다. 우울과 상처를 쏟아내거나, 거친 내면이나 욕망을 풀어내고, 혼란스러운 생각을 거쳐오면서 내가 나 자신으로 택하고 싶지 않은 자아가 그만큼이나 있었다. 어쩌면 청춘이라면 그 정도의 혼란은 당연한 것인지도 모르겠다. 아무튼 그 정도의 시행착오를 거쳐서, 이제는 조금씩 수정은 할지언정 웬만해서는 폐기하지 않는 나로서 글쓰기를 이어가고 있다.

글쓰기 강의나 수업을 할 때면, 어느 정도까지 솔직한 글을 써야 하는지, 어디까지 이야기해도 되는지, 얼마나 자신을 드러내야 하는지 같은 고민을 자주 듣는다. 그럴 때면, 나는 내가 폐기한 열 개의 글 쓰는 자아를 이야기한다. 필명으로 블로그를 만들어서 하고 싶은 이야기를 몽땅 풀어내는 것도 좋다. 그러고 나서 너무 부끄럽거나 너무 많은 이야기를 했다고 느끼면 블로그를 닫으면 된다. 그리고 새로운 블로그에서는 절제해 보면서 적당한 선을 찾아가면 된다.

아마도 삶에서 무언가를 하고, 만들고, 계속한다는 건 그와 비슷하지 않을까 싶다. 시행착오 없이 제대로 만들 수 있는 건 아무것도 없다. 부부가 안정적인 관계를 구축하려면 그 전에 사사건건 다투면서 서로의 선을 찾아야 한다. 아이를 키울 때도 셀 수 없는 시행착오를 거치면서 부모의 일을 조금씩 깨닫는다. 운전을 잘하려면 문싹 하나쯤 해먹어 봐야 한다는 데 이견이 없을 것이다. 나만의 글을 쓰는 비교적 단단한 글 쓰는 자아를 만들려면, 역시 필연적으로 시행착오가 필요하다.

요즘에도 내가 거치는 시행착오를 생각해 보곤 한다. 지금 시행착오를 거치고 있다는 건, 언젠가 그것을 극복하고 안정적인 단계가 오리라는 예견이나 마찬가지라고 느낀다. 단지 시행착오가 너무 큰 실패나 상처가 되지 않도록 다스리면서 꾸준히 탐색을 이어갈 필요가 있다. 적어도 그래야만 무엇이든 얻고 할 수 있는 인간이 된다고 믿는다. 나는 시행착오가 반드시 필요한 사람이라고 말이다.

스스로를 움직이는
보상 체계

내가 가장 많이 상담하는 건 글쓰기 문제가 아닌가 싶다. 모르긴 몰라도, 지금까지 수백 번 정도는 글쓰기에 대한 고민을 듣고 함께 생각하고 답했을 것이다. 특히 많은 사람이 어떻게 하면 꾸준히 글을 잘 쓸 수 있는지 묻곤 했다. 그때마다 내가 내놓은 대답은 조금씩 달랐지만, 결론은 대체로 환경이 중요하다는 것이다.

인간의 의지력에는 한계가 있기 마련이다. 마음과 의지만으로 해낼 수 있는 건 생각보다 많지 않다. 글쓰기도 때로 환경의 힘에 의해 추동되고 이어진다. 그런데 그 환경이 사람마다 제각각이다. 누군가에게는 블로그의 조회수일 수도 있고,

글쓰기 모임의 마감일일 수도 있으며, 특정 매체의 인정이나 원고료일 수도 있다.

글 쓰는 사람의 입장에서는 그 모든 게 의지력을 좌우하는 환경이다. 나는 글 쓰는 사람에게 가장 중요한 게 바로 그 환경이라 생각한다. 누군가에게는 따박따박 들어오는 원고료만큼 강력한 힘이 없다. 누군가에게는 가장 가까운 이들의 지지와 칭찬이 모든 걸 해결한다. 누군가는 동경하던 존재의 인정이 중요하다. 누군가에게는 동료 작가들이 함께하는 모임이 가장 큰 원동력이 된다.

작가라는 존재가 인류 역사에서 탄생한 건 극히 최근의 일이다. 그런데 작가들이 탄생한 이래로, 그들은 늘 '글 쓸 곳'을 찾아 헤맸다. 한동안 작가들은 글을 실어줄 잡지가 없으면 독자에게 닿을 방법이 없었다. 글을 써 보낼 곳이 없어서 주위 지인들에게 엄청나게 많은 편지를 써대기도 했다. 반면, 요즘에는 글을 쓰고 싶은 사람들이 글을 쓸 곳이 사방팔방에 널려 있다.

나는 이십 대에는 블로그에 글을 썼다. 그곳은 아늑하게 습작하기에 좋았고, 긴 글을 읽어주는 이웃들이 소수나마 있는 게 큰 힘이고 위안이었다. 삼십 대에 내가 가장 좋아한 글쓰기 무대는 페이스북이었다. 기꺼이 긴 글을 읽고 쓰며 깊은 성찰을 주고받을 수 있는 공간이 있다는 게 좋았다. 현재 내게 가장 소중한 인연 중 상당수가 직간접적으로 페이스북에서 알게 된 사람들이다. 그만큼 글쓰기를 통해 엮인 인연이 얼마나 깊은지 느낀다.

요즘에는 플랫폼에 구애받기보다는, 다양한 공간에서의 글쓰기를 받아들이고 있다. 예를 들어, 인스타그램은 명백히 사진 위주의 플랫폼이다 보니 처음에는 활용하기가 쉽지 않았고 부담스럽기도 했다. 하지만 나는 글쓰기 플랫폼으로 활용하고 있다. 사진은 자주 올리지 않고 글만 올린다. 그런데 그곳에서도 글을 좋아하는 사람들을 만날 수 있다. 플랫폼은 플랫폼일 뿐, 글 쓰는 나, 글 쓰는 일, 나의 글 자체는 달라질 게 없다.

칼럼을 싣는 매체도 마찬가지여서, 나는 매체를 막론하고 내가 하고 싶은 이야기를 그저 나로서 풀어내려 한다. 신문이건 잡지건 웹진이건, 어떤 매체에서든지 내가 내 글을 쓴다는 사실은 달라지지 않는다. 글쓰기도 20년 넘게 하다 보니, 이제는 글을 쓸 때 환경의 중요성이 덜해진 시점이 오지 않았나 싶다. 사실 이제는 환경이 어떻건, 그다지 대단한 의지력조차 필요 없이, 완전히 습관처럼 매일 글을 쓴다.

그래서 글쓰기에 대해 상담할 일이 있을 때면, 본인에게 맞는 환경을 찾으면 그만이라고 이야기하곤 한다. 자신에게 가장 맞는 보상 체계를 찾으면 된다. 이웃의 인정이든, 소정의 원고료든, 공모전 당선이든, 유명한 사람의 관심이든, 출판계 진입이든 그가 바라는 보상 체계를 찾고 몰두하는 게 시작이고 그게 이어갈 힘이 되어준다고 말이다. 그렇게 주변의 환경을 찾고 만드는 것으로 의지력을 대신한 다음부터는 습관이 일을 한다. 일단 거기까지 가서, 자기에게 어울리는 방법만 찾으면 된다.

나만 잘났다는
마음 버리기

 글 쓰는 사람은 '세상에서 나만 잘났다'라는 마인드를 버려야 한다. 처음 글을 쓰기 시작할 때는 잘난 척하는 태도가 어느 정도 필요하기도 하다. 자기만의 관점을 가지고 고유한 이야기를 해나가기 위해서는 '내가 세상에서 제일 잘났다'라는 근거 없는 믿음도 필요하기 때문이다. 그런 오만이 추진력이 되는 시점이 있다.

 그러나 계속 글을 쓰다 보면, 어느 순간에는 오만함을 넘어서야 한다. 세상에는 나의 감성만이 최고가 아니며, 다양한 감성이 풍요롭게 세상 여기저기에 존재함을 깨닫는다. 나의 입장이나 의견만 옳은 것도 아니고, 나를 비롯한 누구의 의견도 틀릴 수 있음을 깨닫는다.

 몇 년 전 쓴 자신의 글을 보고 오글거림에 몸부림치거나 잘못 생각했다며 책을 불사르고 싶다는 작가를 흔히 볼 수 있다. 그런 작가들은 글을 계속 써나가면서 나름의 진실을 마주한 것이다. 만고불변의 진리가 없듯, 인생에도 절대적인 진실을 손에 쥐는 일은 많지 않다. 대개는 그 시절의 마음이나 생각이 남아 있을 뿐이다.

 그런 사실을 계속 마주하다 보면, 나만 잘났다는 태도가 부끄러워진다. 같은 사건에 대해 써도, 100명이 쓰면 100가지의 가치 있는 이야기가 된다는 것을 깨닫는 시점이 있다. 나의 사랑 이야기만 100년 내내 들려주는 게 가치 있을까, 100명의 사랑 이야기를 들려주는 게 가치 있을까? 나는 후자일 거라 생각한다.

 그런 차원에서 보면, 조금 고되긴 했지만 다양한 문인과 학자의 이야기를 담은 『고전에 기대는 시간』이나 『사랑이 묻고 인문학이 답하다』 같은 책을 써낸 데 대해 남다른 뿌듯함을 느끼기도 한다. 뉴스레터 등을 통해 다양한 작가들의 이야기를 세상에 전하는 데서도 일말의 보람을 느낀다. 내 이야기로만 가득 채운 뉴스레터보다는, 다양한 사람들의 살아 숨 쉬는 이야기가 담긴 뉴스레터가 훨씬 더 가치 있다.

 여러 사람의 이야기를 듣고 전하고자 '밀착된 마음'이라는 이름의 인터뷰를 진행하기도 했다. 이 인터뷰들은 뉴스레터에 실린 후, 『돈 말고 무엇을 갖고 있는가』와 『사람을 남기는 사람』이라는 책의 부록에 나뉘어 실렸다. 김풍 작가를 시작으로, 최인아 대표, 정재민 변호사, 김범준 배달의민족 전 CEO 등 다양한 사람들의 이야기를 듣고 담으며 즐거움과 배움을 얻었다. 확실히 그들의 이야기 덕분에 내 이야기만 실릴 뻔했던 책은 더 풍요로워졌다.

앞으로도 나는 다양한 사람들의 이야기를 찾아 떠날 것이다. 때로 그것은 소외된 청년의 이야기일 수도 있고, 특별한 방식으로 살아가는 외국 남자 이야기일 수도 있으며, 존경하지 않을 수 없는 여성의 이야기일 수도 있다. 가까이에는 아직 읽지 못한 책들이 있다. 매번 책을 집어 들 때마다, 수많은 가치 있는 이야기들을 듣는다. 때로 그런 이야기들을 전하는 '통로'가 되기를 자처하며 살아갈 것이다. 이야기꾼으로 한평생 살아가는 것도 좋지만, 때로는 전령이 되는 것도 나쁘지 않다.

때로 그런 이야기들을 전하는
'통로'가 되기를 자처하며 살아갈 것이다.
이야기꾼으로 한평생 살아가는 것도 좋지만,
때로는 전령이 되는 것도 나쁘지 않다.

10년간 100명의
마음을 듣는 인터뷰

 2년가량, 나는 한 달에 한 번 정도 주변에서 의미 있는 삶을 사는 사람들을 인터뷰했다. 한번은 인터뷰를 마치고 돌아오면서, 문득 이렇게 10년쯤 해서 100명을 인터뷰하면 어떤 마음일까 싶었다. 확실한 건, 인터뷰를 시작하고 나서 그 일을 후회한 적은 없다는 점이다(현재는 다른 일들로 인터뷰를 잠시 중단한 상태이지만, 앞으로도 다양한 사람들에 대한 인터뷰를 생각하고 있다).
 딱히 돈이 되는 일은 아니지만, 인터뷰는 평생 해도 좋겠다는 마음이 든다. 인터뷰하고 글을 쓰는 일이 쉽지 않고 여러모로 시간과 노력이 드는 일이지만, 그 시간에 다른 걸 한다고 대단한 이익을 얻을 것도 없다. 반대로, 그만큼의 시간과 노력을 들인다고 해서 대단한 손해를 보는 것도 아니다. 오히려 돈 주고도 배우지 못할 귀중한 것을 배우는 시간이 된다.

인터뷰 시간이 특별한 건, 좀처럼 듣기 힘든 누군가의 아주 깊은 진심을 아주 가까이에서 들을 수 있다는 점이다. 인터뷰할 때마다 인터뷰이로부터 이런 이야기는 처음 한다, 다른 데서는 이런 말을 해본 적 없다, 보통 강의나 인터뷰할 때 이런 이야기는 안 한다, 라는 말을 듣는다. 내가 하는 인터뷰 콘셉트가 '밀착된 마음'이다 보니 정말 깊은 마음을 꼬치꼬치 캐묻기 때문이다.

그리고 인터뷰 마지막에 "저는 잘 살고 있는 게 맞을까요?"라고 인터뷰이에게 묻는다. 다들 나보다 한발 앞서 자기만의 삶을 살아낸 사람들에게 내 삶에 대해 묻는 것은, 언제나 큰 조언과 참고가 된다. 나 혼자 내 삶을 생각하며 나 잘났다고 살아가는 것보다, 그렇게 내 삶을 아는 누군가의 생각을 듣는 건 언제나 중요하고도 감사한 시간이다. 그래서 나는 인터뷰를 할 때, 그래도 인연이 있고 서로 어느 정도 관심을 가지고 있다고 믿는 사람들을 찾아 나선다. 그로써 인연이 조금이라도 더 깊어지길 바라기도 한다. 생판 모르는 남을 찾아갈 생각은 아직 없다.

살다 보면 아무 일 없이 만나 밥 먹고 술 마시며 만들어가는 우정도 좋지만, 그보다는 의미 있는 일을 하나 두고 만나는 게 좋을 때도 있다. 이를테면, 북토크에 지인인 작가를 대담자로 초대하거나 세미나를 함께하거나 방송에 같이 출연하고 인터뷰하면서 지내는 시간은 더 잊을 수 없고 더 깊이 남는다. 변호사 시험을 끝낸 뒤로 매년 그런 시간을 보낸 덕에 값진 기억을 남길 수 있었다.

한편, 10년간 100명을 인터뷰한다면 그 시간들은 바꿀 수 없이 소중한 기억으로 남을 것이다. 마찬가지로, 10년까지는 아니더라도 유튜브 영상을 100개쯤 만들고 나면 엄청난 시간과 비용을 투자하지 않는 한 역시 별로 후회할 일은 없을 것이다. 그저 취미 삼아 만들어낸 100개의 영상에 나의 관심과 지식과 이야기가 차곡차곡 쌓여 있다면 말이다.

돌이켜 보면, 지금까지 책을 내면서 단 한 번도 책 낸 걸 후회한 적이 없다. 10년 넘게 책을 써오면서, 그 모든 책을 써내길 잘했다고 믿는다. 앞으로도 10년 더 책을 쓴다는 건 좋은 일일 거라고 확신한다. 그렇게 쌓아나가는 게 나쁠 리 없다. 앞으로 10년, 꾸준하게 하루하루 의미 있는 것을 천천히 쌓아가는 일이야말로 삶을 의미 있게 사는 필승 비법이 아닌가 싶다. 10년, 또다시 달려본다. 가치 있는 것들을 쌓아본다.

잘 듣고
잘 쓰는 삶

 한번은 무혐의로 끝난 사건의 의뢰인이 변호사로서의 내 장점에 대해 한 말을 지인을 통해 전해 들었다. 의뢰인은 지인의 지인이었는데, 개인적인 사건으로 몇몇 변호사를 만났고, 나와는 여러 사건 중 하나를 같이 한 터였다. 나로서는 사실상 첫 수임이어서 걱정되었던 만큼 최선을 다했다. 사건은 경찰에서 검찰로 송치되며 다소 늘어지긴 했지만, 최종적으로 무혐의를 받고 끝났다.

 그는 내 장점이 두 가지라고 말했다. 하나는 글을 잘 쓴다는 점이다. 내가 쓴 의견서가 유독 좋았다는 것이다. 변호사의 글쓰기라는 게 일반인이 판단하기에는 한계가 있겠지만 최소한 수사 단계에서 수사관한테 전하는 의견서라든지, 상대방에게 보내는 내용증명 등은 일반인이 보기에도 좋아야 한다고 생각한다. 나아가 법관이 볼 때도, 법리도 법리지만 잘 읽히는 매력이 있어야 한다고 믿고 있다.

사실, 변호사가 글 쓰는 직업이라는 것이 이 직업을 선택한 아주 중요한 이유이기도 했다. 나는 대학원을 거쳐 강사로 사는 삶, 언론사에서 기자로 사는 삶, 변호사로 사는 삶 등을 염두에 두고 있었는데, 모두 글 쓰고 말하는 일이었기 때문이었다. 변호사 일을 하면서도 글쓰기를 통해 싸우고 설득하다 보니, 적성에 맞다고 느낄 때가 많다. 의뢰인이 그런 정성과 디테일을 알아주면, 당연히 더 힘도 나고 보람도 느낀다.

그가 두 번째로 전한 장점은 더 흥미로웠는데, 내가 사람의 말을 찰떡같이 알아듣는다고 했다. 그 말이 반가웠던 건 나는 변호사의 직업이 말하기 이전에 듣는 직업이라고 느끼기 때문이다. 잘 듣고 때로는 잘 캐물어야만 사건을 정확하게 이해할 수 있고 예상치 못한 경우가 발생하더라도 막힘 없이 논지를 펼칠 수 있다. 그러나 대충 듣고 쓰면, 반드시 재판에서 허점이 드러나고 상대로부터 공격받을 여지가 생긴다.

당시 내가 전담했던 사건 하나는, 상대방이 제출한 의견서만 봐도 반박할 게 너무 많았다. 앞뒤 말이 모순되거나 스스로에게 불리한 이야기를 풀어놓은 게 많아서, 그것만 일일이

지적해도 주장의 일관성을 무너뜨릴 수 있을 정도였다. 모르면 몰라도, 상대 변호사도 바쁜 나머지 의뢰인으로부터 대충 전해 들은 대로 써서 그런 결과가 나오지 않았을까 싶었다. 애초에 변호사도 말이 안 된다고 느꼈지만 어쩔 수 없이 의뢰인이 써달라는 대로 써주었는지도 모르고 말이다.

잘 듣고, 잘 쓰기. 혹은 잘 보고, 잘 말하기. 이 원칙은 변호사뿐만 아니라, 내가 해왔던 거의 모든 일의 원칙이었다. 글쓰기 수업은 기상천외한 스킬을 발휘하는 게 아니다. 사람들이 써 온 글을 성심성의껏 여러 번 읽으며 잘 보고 그의 마음을 잘 들으면 된다. 그리고 나면 누구나 한 편의 글에 대해 잘 말할 수 있다. 글쓰기도 언제나 잘 듣고, 잘 보고, 잘 경험하는 데서 시작된다.

그렇게 보면 본래 내 원칙을 잘 이어가며 살고 있는 게 아닌가 싶다. 나아가 내가 '잘 듣고 잘 쓰는' 삶을 따라간다면, 나름대로 잘 성숙하지 않을까 싶기도 하다. 저마다의 삶에는 핵심이나 근본이 있기 마련이다. 내 삶은 잘 듣고 잘 쓰는 일에 애쓰며 살도록, 한평생을 그에 몰두하며 완수하도록 운명 지어졌는지도 모를 일이다. 그런 삶 역시 괜찮지 않나 싶다.

글쓰기 수업은
기상천외한 스킬을 발휘하는 게 아니다.
사람들이 써 온 글을
성심성의껏 여러 번 읽으며 잘 보고
그의 마음을 잘 들으면 된다.
그러고 나면 누구나 한 편의 글에 대해 잘 말할 수 있다.

타자에 대한
두 가지 선택

　인간은 타인이 될 수 없다. 우리는 타자의 깊이에 도달할 수 없으며, 내가 아닌 다른 사람이 될 수도 없다. 할 수 있는 건 최대한 자신의 입장에서 타자를 이해해 보려 노력하는 것뿐이다. 그러나 이 노력은 대부분 실패로 끝난다. 내가 아닌 다른 누군가에 대해 말하는 건, 폭력적인 대상화나 매도가 될 가능성을 품고 있기 때문이다.

　여기에서 글 쓰는 사람은 선택할 수 있다. 나 자신이 아닌 다른 누군가에 대해 쓰는 건 언제나 폭력을 포함하므로, 타자에 대한 글을 쓰지 않는 것이다. 예를 들어, 내가 21세기 대한민국에 사는 중산층 남성으로서 아프리카에 사는 12세 소녀에 대해 쓰거나, 2,000년 전 그리스에 살았던 동성애자 남성에 대해 쓰는 건 당연히 폭력적인 시선을 포함한다. 그러므로 무엇이든 타자에 대해서는 함구하는 것이다.

다른 하나의 선택은 폭력을 저지를 가능성을 무릅쓰고 자기의 한계 안에서 최대한의 노력으로 타자를 이해해 보려 애쓰는 것이다. 나랑 다른 입장, 다른 처지, 다른 당사자성을 가진 사람에 대해서도 써본다. 가령, 나와 다른 시대를 살았던 어머니의 경력 단절에 대해, 할아버지의 피난에 대해, 혹은 지금도 굶주리고 병든 어느 나라의 소년에 대해 쓰는 것이다.

어느 쪽을 택하든 나는 글 쓰는 사람의 자유라 본다. 다만, 그에 응당한 책임을 지면 된다. 타자에 대해 쓰지 않는 작가는 안전할 것이다. 그는 세상의 모든 비난을 피해 갈 수 있는 안전지대에 속해 있다. 그러나 그는 자기에 관해서만 쓰기에, 결국 그 한계 안에 안전하게 갇혀 있을 것이다. 그것은 그가 선택한 자유에 대해 그 나름대로 책임지는 방식이다.

타자에 대해 쓰는 작가는 필연적으로 폭력을 저지를 것이다. 그가 아무리 다정한 마음으로, 섬세하게, 대상을 폭력적으로 다루지 않으려 애쓸지라도, 그의 존재 자체로, 그의 시선 자체로 그는 누군가에게 폭력이 될 수 있는 입장이다. 시원한 에어컨이 나오는 방 안에서 아이스 아메리카노를 마시며 기후 위기로 인해 고통받는 중동 사람에 대해 쓸 때, 그는 그 자체로 이미 폭력에 속해 있다. 그것은 대체로 위선자라는 비판을 받을 것이다. 그럼에도 그가 써야 할 것이 있다고 믿는다면 그는 쓸 것이고, 그에 응당한 책임을 지면 된다.

  글쓰기 수업이나 강연을 할 때면, 1년에 적어도 열 번 이상은 이런 고민을 듣는다. 그리고 대개 다음의 취지로 답한다. 당신이 순백의 깨끗하고 선하고 정의로운 사람으로만 존재하고 싶고 일절 위선 없이 모든 이에게 칭찬과 사랑만 받고 싶다면, 글을 쓰면 안 된다고 말이다. 오히려 글쓰기란 그런 모순과 딜레마를 안고서도 계속 해나가는 일에 가깝다. 그래서 글쓰기는 벤츠로 아우토반을 달리는 일이 아니라, 온몸에 진흙 칠을 하고 흙탕물 속을 걷는 일에 가까운 것 같다.

  나 또한 나의 순백을 입증하기 위해 글을 쓰는 게 아니다. 그저 살아가는 와중에 겪는 모든 딜레마를 이해하기 위해 글을 쓴다. 내가 절대적으로 옳음을 증명하기 위해서가 아니라 내가 매일 실패하면서도 나아가는 존재라는 걸 믿고 싶어 글을 쓴다. 글 쓰는 사람은 매일 실패한다. 그럼에도 이해하고자 애쓰며 나아간다. 글을 쓰는 한, 그는 나아간다.

쓰는 이들의 안전지대 쌓아 올리기

연결하는 관계를 만드는 법

멀어지고 싶지 않은
마음

 언젠가부터 사람들로부터 종종 듣는 말이 있다. 왜 그렇게 타인들을 위해 무언가를 하냐는 것이다. 매일 글 쓰는 일로도 피곤할 것 같은데, 왜 작가를 발굴하고, 굳이 사람들을 연결하려고 하며, 딱히 큰 이익도 없을 것 같은데 글 쓰는 사람들의 연대를 만드느라 애쓰느냐고 묻는 사람들이 있다. 북토크나 출간기념회, 글쓰기 모임 등에서 왕왕 듣는 질문이다.

 그런 일은 어느덧 자연스럽게 이루어진 일이라, 특별히 이유를 생각해 보지는 않았다. 처음의 마음은 그저 아까워서였던 걸로 기억한다. 글쓰기 모임이 끝나고 나면 더 이상 글을 쓰지 않는 이들이 너무 아까워서, 함께라면 열심히 좋은 글을 쓸 수 있는 사람들이 아까워서, 그 사람들이 계속 글을 썼으면 하는 바람에서 골몰하곤 했다. 내가 무엇을 할 수 있을까? 내가 할 수 있는데도 방기하고 방치하고 있는 건 아닐까? 그런 죄책감 비슷한 게 들었다.

죄책감이란, 인간이 타인과 멀어지는 데서 느끼는 감정이라고 한다. 우리는 타인과 멀어지면 죄책감을 느낀다. 부모님께 찾아가지 않거나 친구에게 연락하지 않는 시간이 길어질수록, 그렇게 멀어질수록 죄책감은 깊어진다. 나도 글쓰기 모임이나 여타 인연을 맺은 사람에 대해 느낀 죄책감이 있었다. 사실 어떤 수업이든 모임이든 마치고 나면 끝인 게 당연하지만, 왠지 내게는 그것이 당연하지 않았다. 그래서 나는 그 아까움을 되살리고 싶어서 머리를 부지런히 굴렸다.

그렇게 뉴스레터 《세상의 모든 문화》는 수십 명의 작가들이 함께 쓰는 지금의 형태로 자리 잡았다. 뉴스레터는 수천 명의 구독자를 모았고, 다음카카오 측으로부터 양질의 콘텐츠로 인정받아 매일 '다음 포털 메인화면'에 노출되고 있기도 하다. 글쓰기 모임원들의 연대에 '쓰는 사람들'이라는 이름이 붙어 출간된 첫 공저 『세상의 모든 청년』도 탄생했고 이후에도 여러 공저서가 나왔다. 매년 연말이면 지금까지의 모임원이 모두 모이는 A/S 모임을 열기도 한다. 출간기념회 같은 오프라인 모임도 열고, 모임원 중 책을 출간한 이가 있으면 합동 북토크도 연다. 독서 모임으로 인연이 이어지기도 한다.

　죄책감에서 시작된 일이었지만, 이것이 지금은 내게 가장 값진 인연들을 만들어주었고, 그 자체로 내 삶에서도 중요한 의미를 지니게 되었다. 서로가 모두 나이도, 직업도, 삶의 터전도 다르지만 글쓰기라는 열망 하나를 마음 한구석에 품고 그 불씨를 서로 불어주며 꺼트리지 않도록 응원한다. 아마 10년 뒤에도, 우리에게는 서로 쓰는 일을 응원하는 사람들이 남아 있을 것이다.

　나는 스스로 그다지 이타적이거나 희생적이고 헌신적인 사람이라고 생각해 본 적이 없다. 이런 일을 위해 엄청난 돈과 시간과 노력을 쓰는 것도 아니다. 그저 내가 하는 일은 그 불씨가 꺼지지 않게 아주 살짝 애쓰는 일이고, 실제로 불씨를 이어가는 건 처음 인연을 맺은 사람들의 힘이다. 각자가 저마다의 방에서 밤마다 써나가는 글쓰기의 지류가 묘하게도 모여서 이어지고 커다란 강을 이루는 듯하다. 각자이면서 그렇게 이어진 이 마음이 신비롭다고 느낄 따름이다.

　그저 인연을 아까워하고 소중히 여기며 나아간다. 물론, 세상 모든 만남을 소유할 수도 없고, 모든 인연이 언제까지고 소중할 순 없다. 그렇지만 어떤 애씀은 서로 만나고 부딪혀서 서로를 위한 부싯돌이 된다. 그 불꽃은 올림픽 성화처럼 커지고 이어진다.

연결을 쌓아가는
시간이 주는 것

　한번은 사회 초년생들이 모인 강연에서 주식을 하느냐는 질문을 받았다. 주식과 코인이 대세인 시대이다 보니 이런 질문도 받는구나 싶었다. 나는 주로 연금저축 계좌나 세금 혜택 계좌 등을 통해 ETF를 적립식으로 모으고 있다고 답했다. '아주 적극적인' 투자자는 아닌 셈이다. 그 맥락에서, 살면서 대박을 지향한 적이 없다는 이야기를 하게 됐다.
　내가 지금까지 쓴 책은 이래저래 20권은 되지만, 한 번도 대박 난 책은 없다. 순간, 사람들의 눈빛이 초롱초롱해진 느낌이었다. 세상에는 확실히 대박을 내는 사람들이 있다. 주식 투자로 10억을 버는 사람도 있고, 책 한 권을 써서 몇억씩 버는 사람도 있다. 강연 동영상이 큰 인기를 얻는 사람도 있고, 유튜브 채널이 갑자기 급상승하는 사람도 있다. 그러나 나는 그런 대박과는 인연이 없다고 생각한다.

이와 비슷한 이야기는 얼마 뒤 글쓰기 모임에서도 나왔다. 한 작가가 질문하기를, 다른 작가들은 대박을 내는데 자신은 대박 내는 글을 쓰지 못해 자괴감을 느끼기도 하고, 어떤 글을 써야 할지 모르겠다고 했다. 나도 이렇게 대답했다. "저도 대박 같은 건 낸 적이 없어요. 아마 선택해야 할 겁니다. 대박을 지향할 건지, 그저 자신이 좋아하는 글을 쓸 건지 말이죠."

어린 시절에 언젠가는 내가 쓴 작품이 베스트셀러가 되는 꿈을 꾸기도 했다. 그러나 삶이 막연한 꿈이 아니라 나만의 스타일을 좇기 시작하던 무렵부터, 내 마음이 전혀 달라졌다. 중요한 것은 오랫동안 나의 일을 꾸준히 해나갈 수 있는 힘이라는 걸 알았다. 핵심은 단기적인 대박에 몰두하는 게 아니라, 장기적으로 삶이 우상향할 수 있도록 꾸준함의 리듬을 타는 일이다.

재테크에서도 갑자기 벼락부자가 되어 하루아침에 엄청난 돈을 버는 사람들도 있다. 반면, 크게 잃어서 중도 포기하는 사람도 많다. 그러나 장기적으로 우상향하는 시장에서는 꾸준히 적립만 해도 자산을 보호할 정도의 수익은 얻을 수 있다. 예를 들어, VT 같은 ETF는 전 세계 주식시장의 전체 주식을 구매하는 효과가 있는데, 전 세계 주식시장의 규모는 중간에 침체되긴 해도 결국 통화량 상승과 함께 우상향하므로 몇 년이고 꾸준히 적립한다면 어느 정도 이익을 볼 수 있다.

인생을 사는 여러 방식이 있겠지만, 나는 살아오면서 꾸준함을 지켜내는 방식이 내게 맞음을 깨달았다. 눈이 오나 비가 오나 글을 쓰고, 책을 내고, 사람들과 더 나은 연결을 조금씩 늘려나가고, 또 누군가의 작은 연결들에 기여하다 보면, 그렇게 10년, 20년, 30년이 쌓이면 그 인생은 그렇게 단단해진다. 내가 꾸준할 수 있는 정도와 원칙을 찾아내고 거기에 헌신하면, 살면서 몇 개의 골짜기를 만날지라도 결국에는 떠오른다. 꾸준함은 실체 있는 힘이다. 그 앞에 허깨비 같은 모든 말과 걱정은 그저 연기처럼 사라진다.

"저도 대박 같은 건 낸 적이 없어요.
아마 선택해야 할 겁니다.
대박을 지향할 건지,
그저 자신이 좋아하는 글을 쓸 건지 말이죠."

중요한 건 숫자가 아닌 꾸준한 관계

한 지인이 말하길, '문해력 위기'가 화두이던 때 내가 문해력에 관해서 쓴 글이 우리나라에서 가장 유명한 문해력 관련 글이 되었다고 했다(이 글은 『내가 잘못 산다고 말하는 세상에게』에 실려 있고, 이후에는 창비에서 나온 고등학교 『국어』 교과서에도 수록되었다). 그러면서 링크를 두어 개 보내주었는데, 리트윗만 몇만 번 된 내 글을 캡처한 트윗과 몇십만 조회수를 기록한 커뮤니티 글이었다. 그 외에도 이번 글을 여기저기 커뮤니티에서 읽었다면서, 몇 년 만에 연락한 동기나 후배도 있었다. 찾아보니 기사화도 제법 되었고 인터넷에서 어지간히 돌긴 한 모양이었다.

신기한 일이긴 하지만, 그로 인해 내 삶이 크게 달라질 건 없었다. 많은 사람이 우연히 내 글 한 편을 읽었다고 해도, 그들 각각에게는 스쳐 지나가는 수많은 글 중 하나일 뿐이다. 사실, 그 이전에도 "인스타그램에는 절망이 없다"(이는 이후 책 제목까지 되었다)로 시작하는 글을 비롯해 몇몇 글이 널리 읽힌 적은 있었다. 그러나 그런 일이 내 삶에 별 영향을 주진 않았다. 그냥 어쩌다 많이 읽혔을 뿐이다.

실제로, 그렇게 몇십만, 어쩌면 몇백만 명의 사람들이 내 글을 읽은들 딱히 내 책의 판매량이 늘지는 않았다. 계정의 팔로워는 조금 는 것 같지만, 대부분 잠깐의 관심으로 사라질 가능성이 높았다.

나는 인생에서 '단순한 숫자'가 얼마나 공허한지 알고 있다. 그것보다 압도적으로 중요한 것은 꾸준한 관계성이다. 오랜 시간 작가와 독자가 맺는 신뢰, 지속적인 관심 가운데 이어가는 느슨한 연대, 내가 실제로 삶의 중심과 맺는 내적이고 지속적인 관계성이 압도적으로 중요하다.

또한 어쩌다 많이 읽혔다는 것이 유달리 내 글이 대단하다는 뜻도 아니다. 모르면 몰라도, 당시 논란과 관련해서도 더 훌륭한 통찰력을 보여준 글이 많았을 것이다. 다른 이슈와 관련해서도 마찬가지다. 널리 읽히는 글이 늘 좋은 글은 아니었다. 그런 점에서 보더라도 그다지 중요한 일은 아니다.

다만 기대하는 점이 있다면, 그렇게 해서 내가 희망하는 문화라는 게 조금이나마 전파되었으면 하는 것이다. 내가 그 글에서 핵심적으로 지적했던 것은 신뢰의 상실, 저격과 비난의 문화, 악플 같은 것이 가득 찬 시대상이었다. 그런 것이 모두에게 해롭다는 인식이 확산되는 데 조금은 기여했기를 바란다. 애초에 내가 쓰는 글의 상당수는 그런 '희망'에 지분을 내준다. '분노사회에서 서로를 조금이라도 이해하기'라는 주제는 내 지난 10년간 글쓰기의 핵심 테마 중 하나였다.

나는 내가 쓴 글이 세상을 바꿀 수 있으리라고 믿지는 않는다. 그저 할 수 있는 게 글쓰기여서 글을 쓸 뿐이다. 그렇지만 가끔은 나 역시 어떤 글 하나 때문에, 어떤 책 한 권 때문에 삶이 흔들리거나 방향이 바뀌는 경험을 하곤 한다. 내가 쓴 글 한 편이 삶의 자전축을 살짝 틀어놓을 수 있다면, 나의 글쓰기는 할 일을 다한 것이다. 그냥 조금만 더, 서로에게 이해의 여지를 열어두는 사회가 되었으면 하고 바랄 뿐이다.

보이지 않던 연결을
눈으로 확인하는 순간

한 북토크에 유난히 많은 사람들이 찾아주었다. 『돈 말고 무엇을 갖고 있는가』의 출간 기념 북토크였다. 50명 가까운 사람이 모여 정원을 꽉 채웠는데, 기관 강의가 아닌 책방 북토크에서는 흔치 않은 일이었다.

일반 강의는 일단 청중과 어느 정도 거리가 확보되지만, 북토크는 아주 가까운 거리에서 거의 숨소리가 들릴 것 같은 밀착감 속에서 이루어지기에 묘하게 긴장된다. 더군다나 북토크는 대부분이 평소에 내 글을 읽어본 독자들이 자발적으로 찾아오는 자리이기에 더 진짜 관심으로 느껴진다. 강의야 때로는 반강제로 모이기도 해서 반쯤은 무관심하게 '저 사람은 뭐지?' 하는 시선으로 보는 경우도 있다. 그러나 북토크에 온 한 사람 한 사람은 말하자면 인연이다.

개중에는 제법 오랜 인연도 있다. 글쓰기 모임을 함께했거나, 첫 책을 냈던 10년도 더 전부터 내 책을 다 읽었다는 독자도 있다. 이십 대에 했던 팟캐스트를 아직도 자장가 삼아 듣는다는 독자도 있다. 그러니 이런 현장에서 내가 하는 이야기는 익명의 청중 앞에서 하는 강의와는 확실히 다른 면이 있다. 이런 자리에서 나는 진솔함을 모토로 소통하려고 한다.

혼자 떠드는 시간도 가능하면 줄이려고 한다. 적어도 한 시간 이상은 찾아온 사람들의 질문이나 이야기를 듣고, 그에 대해 대화하려 한다. 그러다 보면 나도 딱히 준비되지는 않았지만, 더 진실하고 중요한 이야기를 하기도 한다. 그런 경험은 다시 내게 돌아와 나를 만들고, 그로부터 영감을 받아 또 새로운 글을 쓰기도 한다.

특히, 이런 북토크에서 나는 때로 내 삶의 가치를 느끼곤 한다. 평소에야 홀로 글 쓰고 가족과 함께 살아가는 단순한 삶이다. 그러나 그렇게 쓴 글이 알고 보면 진짜 사람에게 닿고 있었음을 이런 자리를 통해 실감한다. 내가 차지한 물리적 공간은 사실 얼마 안 되지만, 사실 내 삶은 그렇게 협소하지만은 않으며 조금 더 넓은 곳으로 연결되어 있었음을 깨닫는다.

고립되어 있던 수험 생활 시절에도 글쓰기는 나를 세상과 이어주었다. 지금도 북토크에서는 종종 그 시절 나의 글을 읽으며 위로받았다는 사람들을 만난다. 그 시절, 나는 세상과 유리된 어느 먼 섬에서 살아간다는 느낌을 받곤 했는데, 놀랍게도 그 시절 썼던 글이 가장 많은 사람에게 닿았다. 글쓰기의 신비라고밖에 할 수 없다. 우리의 삶은 멀리서도, 깊고 어두운 곳에서도 이어질 수 있다. 글쓰기에는 그런 가능성이 있다.

내가 세상을 뒤바꿀 만한 대단한 글을 쓰는 것도 아니고, 이 사회에서 엄청난 역할을 하는 것도 아니며, 노벨문학상을 받을 만큼 대단한 작품을 남긴 것도 아니다. 그러나 내가 쓴 글은 누군가에게 가닿고, 작지만 의미 있는 위로를 남긴다. 그 사실이 내가 조금은 가치 있는 삶을 살고 있다고 믿게 하며, 계속 쓰게 하고, 또다시 한 걸음 나아가게 한다.

우리의 삶은 멀리서도,
깊고 어두운 곳에서도 이어질 수 있다.
글쓰기에는 그런 가능성이 있다.

말해 주지 않으면
모르는 마음

갑작스럽게 많은 눈이 내린 날이었다. 대표님은 날씨가 궂어서 북토크 노쇼를 걱정했는데, 전원이 다 와주어서 무척 다행이라고 했다. 적지 않은 사람들이 골목 2층의 서점을 가득 메웠다. 『사람을 남기는 사람』의 북토크 자리였다. 마포의 북티크에서 꽤 여러 차례 북토크를 했지만, 가장 많은 사람들이 온 날 중 하루가 아니었을까 싶다. 종종 뵙는 익숙한 독자들도 있었지만, 대부분은 처음 보는 사람들이었다.

이상하게 아주 오랜만에 북토크를 하는 느낌이 들었다. 고요한 저녁, 약간 어두운 조명, 차분한 분위기가 왠지 조금 긴장감을 주었다. 생각해 보면, 얼마 전에도 부산 크레타 서점에서 북토크를 했고 강의도 했다. 그런데도 그날은 사람을 대면하는 느낌이 묘하게 낯설었다.

그 이유가 무얼까 곰곰이 생각해 보니, 나를 찾아 멀리서 어렵게 시간을 내어 모인 이 많은 사람들을 실망시키면 안 된다는 마음 때문이지 않았나 싶다. 물론 항상 그런 마음이지만, 그래도 별 기대 없이 의무적으로 참석한 청중이나 이미 여러 차례 만난 사람들 앞에서는 부담감이 덜하다. 그러나 내 글을 좋아해서 일부러 먼 길을 온 독자들 앞에서는 그만큼 값진 시간을 건넬 수 있기를 더 간절히 바란다.

더군다나 '관계'에 대해 이야기하는 자리였다. 글쓰기나 다른 이야기라면 적지 않게 해왔고, 내가 무슨 말을 할 수 있는지 안다. 그러나 관계에 대해서 나는 천재도 아니고, 능숙한 기술자도 아니다. 내가 할 수 있는 건 최대한의 진솔함으로, 그런 마음을 담아 에세이 쓰듯이 나의 이야기를 전하는 것뿐이었다. 그래서 처음부터 나는 관계에 능숙한 사람이 아니라고 말하며 내 이야기를 이어갔다.

요즘에는 어느 자리를 가나 혼자 일방적으로 떠드는 시간은 줄이려고 한다. 기업 강연에서도 혼자 떠드는 시간을 최소한으로 줄인다. 가능하면 현장에 있는 사람들과 자연스럽게 소통하는 걸 목표로 한다. 그게 내가 생각하는 한 그곳에서의 만남을 대하는 가장 충실한 방법이라 생각하기 때문이다. 얼마 전 기업 강의에서도 질문만 열 개 이상 받아서 한 시간이 넘는 시간을 채웠다. 북토크에서도 나는 가능하면 현장에서 많은 사람과 이야기를 나누려 한다.

모든 질문이 의미 있었지만, 특히 한 질문이 기억에 남는다. "삶에서 타인에게 값진 시간을 선물하는 것이 가치 있는 일이라 하셨는데, 그걸 어떻게 알죠?"라는 질문이었다. 나는 가만히 생각하다가, "그 사람에게서 그런 말을 들을 때죠" 하고 답했다. 내가 다른 사람에게 값진 존재인지, 가치 있는 시간을 선물하는지, 그런 건 혼자만의 판단으로는 알 수 없다. 누군가 말해 주지 않으면 모르고, 듣지 않으면 모른다.

그러고 보면 삶의 의미를 타인이 내게 전해 주는 말에 의지하고 있는 셈이다. 잘 읽었다는 말, 좋은 시간이었다는 말, 함께해서 좋았다는 말이 내 삶을 지탱하고 있다는 걸 다시금 깨달았다. 그렇다면 나 또한 말해야 한다. 덕분에 참 좋은 시간을 선물 받았고, 좋은 삶을 살고 있다고, 당신은 내게 값진 선물을 준 사람이라고 말이다.

그러고 보면 삶의 의미를
타인이 내게 전해 주는 말에
의지하고 있는 셈이다.
잘 읽었다는 말,
좋은 시간이었다는 말,
함께해서 좋았다는 말이
내 삶을 지탱하고 있다는 걸
다시금 깨달았다.

'나의 작가'를 찾아내는 여정

한국 최초의 노벨문학상 수상이 이루어지면서 많은 말이 오갔지만, 사실 작가들에게 순위를 매겨서 최고의 작가를 논하는 것은 꽤나 곤란한 일이다. 문학상마다 부여하는 가치나 관점에 맞는 작가가 발견되는 것이지 어느 상을 받았다고 해서 그가 수능 만점 받은 것처럼 1등을 했다는 의미는 아니니 말이다. 나만 하더라도, 내가 생각하는 최고의 작가는 내게 가장 중요한 진실을 일깨워준 작가다.

내가 정말 사랑한 작가들 가운데는 노벨문학상을 받지 못한 사람도 수두룩하다. 폴 오스터, 필립 로스, 밀란 쿤데라, 제롬 데이비드 샐린저, 장 그르니에 등 일일이 열거하자면 끝이 없을 정도다. 노벨문학상을 받았다고 해서 자국에서 사랑받은 것도 아니다. 오르한 파묵, 가브리엘 마르케스, 파블로 네루다 등 많은 노벨문학상 수상 작가들이 본국에서 살해 위협에 시달리다가 해외로 망명가거나 대중적으로 미움받기도 했다.

어떤 작가를 좋아하거나 소중히 여기거나 지지하거나 응원하는 건 지극히 개인적인 취향의 영역이라, 다양한 의견과 말이 오가는 건 무척 자연스러운 일이다. 하지만 사실 지금처럼 어떤 작가나 작품을 둘러싸고 의견이 오가면서 토론과 비평의 장이 열리는 것은 생경하고 이례적인 일이다. 사람들이 당최 무슨 작가가 무슨 작품을 쓰든 관심이나 있었단 말인가. 나는 문학과 책, 글과 작가가 더 많이 거론되며 담론의 대상이 되고 설왕설래가 이루어지는 게 반갑다. 앞으로도 맨날 작가와 작품에 대해 떠들었으면 좋겠다.

노벨문학상이라는 대사건이 우리 문화에 일어난 것을 계기로 사람들이 글과 이야기와 인문학에 대한 관심을 더 많이 가졌으면 한다. 요리에서 채소의 익힘 정도나 간장과 설탕의 조화, 소고기의 마블링 정도에 대한 섬세한 관심은 이제 충분한 것 같다. 그에 못지않게 일상과 삶을 다루는 방식, 역사를 이야기하는 관점, 어휘 하나를 고르고 문장을 연결하는 스타일의 아름다움에 대해서도 점점 더 많은 사람이 깊이 관심을 갖는 사회가 되면 좋겠다.

나아가 세상의 관심을 한 몸에 받는 작가의 작품들을 서점에서 오픈런으로 구입하고 서둘러 읽어보는 것도 좋지만, 자신에게 정말로 잘 맞는 작가를 탐색하는 여정도 포기하지 않으면 좋겠다. 우리나라에만 해도 좋은 작가들이 정말 많고, 시선을 세계로 넓히면 인생을 통째로 관통하고 내 존재를 머리부터 발끝까지 뒤흔드는 '나의 작가'를 만날 수밖에 없다. 그 작가는 한강이나 알베르 카뮈가 아니라 아무도 관심 없는 서점 구석에 먼지 쌓인 무명 작가일 수도 있다. 서점에 달려간 김에, 누군가는 그런 작가를 우연히 혜성처럼, 기적처럼 만나길 바라본다.

세상을 떠들썩하게 했던 영화감독, 스포츠 선수, 래퍼, 댄서, 요리사 등을 몇 년간 보아오면서, 한편으로는 글은 그런 관심을 받지 못하는 현실이 아쉽기도 했다. 엄청난 이미지의 시대, 영상과 자극의 시대에 이처럼 문학과 글로 떠들썩한 시절이 와서 개인적으로는 무척 반갑다. 이상하게 지하철에서 책 읽는 사람도 늘어난 것만 같다. 이로써 책의 시대가 왔다고 할 순 없겠지만, 그래도 우리 문화에 이런 이벤트가 더 자주 있길 바라본다. 우리 시대에 가장 주목받는 작가의 책을 실컷 읽고 평가하고 각자의 취향을 갖고, '나의 작가'를 찾는 일도 해냈으면 한다. 누구라도 한 번 찾고 나면, 평생 글의 마력에서 벗어날 수 없게 될 테니 말이다.

기다림 대신
초대하기

과거에 작가들은 글을 쓰기 위해 청탁을 기다렸다. 사실상 작가가 자신의 글을 공개할 수 있는 곳이 신문이나 잡지 지면 밖에 없었기 때문에, 때론 목숨 걸고 청탁을 받아야만 했다. 청탁을 받지 못하면 작가로서의 인생은 끝난 것이나 다름없었다. 그러나 지금은 상황이 완전히, 그야말로 전적으로 달라졌다. 청탁만 기다리며 목매는 작가는 정말 소수다.

나만 하더라도, 스무 살 때부터 블로그에 매일같이 글을 썼다. 그런 글쓰기는 습작인 동시에 공표이기도 했다. 사실상 매일 공표하는 글쓰기를 했던 셈이다. 내가 페이스북에 글을 쓰기 시작한 것도 페이스북이 발표 지면이나 매한가지였기 때문이다. 글을 실을 지면은 부족한데 글은 쓰고 싶었고, 그래서 매일 글 쓰는 나의 공간을 만들었던 것이다.

지금은 청탁을 기다리고 지면에 목을 매는 시대보다는, 사실상 지면을 창조하는 시대다. 나는 작가의 정의도 그런 점에서 미묘하지만 확실하게 달라진 면이 있다고 본다. 우리 시대에 작가란 지면에 글을 싣는 사람이 아니라, 자기의 지면을 만드는 사람이다. 쓰고 싶은 것이 있으면 무엇이든 쓰면서 매일 자신의 지면을 창조한다.

그렇게 보면 기다림의 차원도 과거와 달라졌다. 원래 기다림이란 권력을 기다리는 것이었다. 매체 권력이 나를 간택해주기를 기다렸고, 먼저 권력에 굴종하기도 했다. 반대로 지금의 기다림은 실제로 내 글이 닿을 한 명 한 명의 사람을 기다리는 일이다. 이 시대의 글쓰기는 매체가 가진 권력 밑으로 들어가는 것이 아니라, 오히려 한 명 한 명의 사람들과의 만남을 찾아 나서는 일에 가깝다. 글쓰기는 사적인 만남이나 관계에 가까워졌다.

물론 여전히 지면 권력은 존재한다. 그러나 실제로 그 지면을 읽는 사람들과 만난다는 의미보다는 그런 지면에 글을 실었다는 상징성이 더 중요한 경우가 많다. 어떤 지면에 글을 실을 만한 사람이 되었다는 건 기존 권력이 인정할 만한 존재가 되었다는 의미가 크다. 그러나 우리 시대의 진짜 글쓰기란, 오히려 그런 상징적 권력이 슬그머니 자리를 비킨 곳에 있다고 생각한다. 글쓰기는 실제로 작가가 만든 무대와 마당으로 독자를 초대하는, 그가 창조한 공간에 있다.

이 시대의 글쓰기는
매체가 가진 권력 밑으로 들어가는 것이 아니라,
오히려 한 명 한 명의 사람들과의 만남을
찾아 나서는 일에 가깝다.
글쓰기는 사적인 만남이나 관계에 가까워졌다.

그 모습 그대로
기다려주는 공간

   3년 만에 아내와 아이랑 함께 제주의 다정한 인문학 살롱인 제주살롱을 찾았다. 고작 3년이지만, 그사이 아이는 부쩍 자랐다. 웅크리면 서점에 있던 고양이만 해 보이기도 했는데 이제는 아내의 가슴 높이까지 자랐다. 고양이는 이제 로비보다는 2층을 좋아해서 잘 내려오지 않는다고 했다. 나도 그사이 이직과 개업을 하며 부지런히 삶을 보냈다.

   그런데 그 변화가 무색하게도, 제주살롱은 그때 그곳에 그 모습 그대로 남아 있었다. 안팎으로 낡거나 어딘가 흐트러졌을 법도 하건만, 과거의 단정하고 단아한 모습 그대로여서 무척 반갑고 어딘지 고맙기까지 했다. 우리는 매일같이 시시때

때로 모든 게 변화하고 달라지고 사라지는 시대에 살고 있다. 몇 년 지나 가본 골목은 늘 천지개벽해 있고, 새로운 프랜차이즈가 들어서 있다. 그러나 이 단아한 살롱은 여전히 그대로 자리하고 있었다.

『돈 말고 무엇을 갖고 있는가』 북토크에는 적지 않은 독자들이 찾아주어 공간을 가득 메웠다. 먼 걸음을 해준 이들에게 그저 감사한 마음이었다. 이번에도 현장에서만 들을 수 있는 이야기를 주고받으려고 강연보다 질문 받는 시간을 길게 잡았다. 질문은 한 시간 넘게 이어졌고, 나도 바다 건너 온 땅에서 나의 육지 이야기들을 즐겁게 풀어놓을 수 있었다.

북토크에는 《세상의 모든 문화》의 필진인 김아람 작가도 와주었는데, 이 또한 감사하고 반가웠다. 글쓰기 모임원이기도 했던 김아람 작가와는 『그 일을 하고 있습니다』라는 공저를 내기도 했다. 여러 직업인이 일의 낮과 밤, 보람과 애환에 대해 깊이 있게 풀어낸 멋진 책이다. 김아람 작가는 제주의 말 수의사라는 독특한 직업으로 참여했다. 나도 변호사로서 한 구석을 채웠는데, 솔직히 내 글보다 다른 작가들의 글이 정말 좋다.

북토크가 끝날 무렵부터는, 아이도 등장해서 자유롭게 공간을 오갔다. 아이는 다락방 같은 숙소를 너무도 좋아했고, 자연스럽게 드나드는 고양이처럼 이 공간에 속해 있었다. 그

것이 가장 감사했다. 제주살롱의 대표님은 3년 전과 마찬가지로 감동적인 음식으로 저녁을 대접했고, 아내도 나도 와인을 곁들여가며 한참 수다를 떨었다. 아이도 파스타를 정말 맛있게 먹었고, 그러고 나서는 밤까지 와인 마시는 엄마와 아빠를 두고도 함께 잘 있었다. 그림도 그렸다가 책도 읽었다가 서점 곳곳을 오르락내리락하는 게 집보다 더 편안해 보였다.

제주살롱 대표님들의 이야기를 듣는 일이 무척 즐거웠다. 6~7년 전 서울의 직장 생활을 접고 제주로 내려와 정착해서 사는 이야기가 꿈 같은 낭만으로 느껴지면서, 현실적인 이야기도 더해져 더 깊이 있게 다가왔다. 오랜만에 아내까지 함께 모여 좋은 사람들과 깔깔 웃으며 기분 좋게 수다를 떤 느낌이었다. 이곳이 삶을 진정성 있게 고민하는 사람들이 만들어가는 곳이라는 확신이 들었다.

기분 탓인지 모르겠지만, 책의 큐레이션도 3년 전에 왔을 때보다 더욱 섬세해진 느낌을 받았다. 사고 싶은 책이 너무 많았지만 취향에 딱 맞는 책 두 권을 골랐다. 아내는 한강 작가의 책을 하나 골랐고, 아이 그림책도 골랐다. 동네서점에 오면 아낌 없이 책을 사야 한다. 일종의 신념 같은 것인데, 좋은 큐레이션이 있는 서점이라면 더욱 그렇다.

아이는 북토크 현장을 그림으로 그렸다. 요즘 아이는 자기가 경험한 것을 그림으로 그리는 걸 좋아한다. 나는 "여러분 사랑해요" 같은 말은 한 적 없는데, 어디서 보고 적은 건지 모르겠다. 너무 달콤한 그림이었다.

오랜만에 찾아온 이곳에서 다시 한번 다정하고도 값진 시간을 보내고 떠난다. 언젠가 다시 올 때, 아이는 또 얼마나 컸을지, 나는 또 어떤 삶을 살고 있을지, 생각해 본다. 세월은 너무도 착실히 흐른다. 나의 삼십 대, 아이와 아내랑 함께 셋이서 다닌 전국의 북토크 추억이 적지 않다. 이 나날을 사랑한다. 쏜살같이 흐르는 세월이라면, 역시 사랑해야 한다. 그 편이 더 낫다.

글쓰기라는
그물망 속의 삶

 책들의 섬, 부산의 서점 '크레타'에 갈 때면 매번 환대란 무엇인지 경험한다. 책방 주인 강동훈 대표와의 인연도 어느덧 10년 정도 되었다. 부산의 독서 모임을 운영하던 그의 초청으로 『분노사회』 특강을 한 게 시작이다. 이후에도 글쓰기 모임 등 여러 인연이 엮이고 엮여 공저 『그 일을 하고 있습니다』를 함께 출간하기도 했다.
 부산에 일정이 생길 때면 그에게 전화를 걸곤 한다. 일정이 어긋날 때도 있지만, 시간이 맞을 때면 크레타에서 북토크를 했다. 『사랑이 묻고 인문학이 답하다』 『우리는 글쓰기를 너무 심각하게 생각하지』 『사람을 남기는 사람』 북토크도 그렇게 한 행사였다. 갑작스러운 연락에 당황했을 법도 하건만, 열심히 모객에 애써주어서 매번 값진 인연을 만날 수 있었다.

북토크 자리에는 함께 글쓰기 모임을 했던 사람들, 이전에도 다른 북토크에 와주었던 독자들, 또 처음 만나는 사람들이 다양하게 섞여 있었다. 관계에 대한 책을 이야기하는 자리에서, 나는 이 자리 또한 관계의 실현이라는 생각이 들었다. 글쓰는 인연을 이어가는 사람들이 얽히고 얽혀 서로의 삶을 구성하는 순간인 것이다. 언젠가부터 내 삶은 확실히 글쓰기라는 그물망으로 얽힌 것이 되었다.

종일 법적 문제를 처리하다가 저녁 늦게 모인 자리에서, 나는 무척이나 편안한 기쁨을 느꼈다. 벌써 세 번째 오는 크레타, 여러 계기로 만나는 글쓰기 모임원들, 또 공항까지 마중 나오고 북토크까지 데려다준 아버지, 이런 것이 내 고향에 있는 게 좋았다. 오랫동안 나는 부산을 떠나왔다고만 생각했는데, 이곳에도 나의 삶이 있었다.

아버지와 점심을 먹는데, 아버지는 『사람을 남기는 사람』을 읽으면서 밑줄 그은 부분과 옮겨 적어 정리한 것을 보여주었다. 아버지는 책을 읽으며 관계에 대해 많이 배웠다고 했다. 생각해 보면, 북토크에 온 독자들도 절반은 나보다 나이가 많았다. 내가 그런 독자들에게 관계에 대해 가르칠 수 있을 거라고는 생각하지 않는다. 그저 최대한 솔직하게 내 이야기를 전하면, 공감하고 함께 고민할 여지가 있다고 믿을 뿐이다. 그런 접속이 글을 통해, 또 말을 통해 일어나는 게 아닐까 싶다.

강동훈 대표는 북토크를 위해 책을 읽은 건 물론이고, 미리 질문지와 인용구까지 찾아두고, 떠날 때는 모인 사람들의 편지와 선물까지 전해 주었다. 이런 정성이 이 서점을 따뜻하게 하고 많은 사람이 찾게 만드는 힘이 아닐까 싶다. 그래서 나도 매번 이 공간을 찾게 된다. 『사람을 남기는 사람』의 첫 북토크를 '사람이 남는 서점'에서 했던 셈이다.

나는 이 자리 또한
관계의 실현이라는 생각이 들었다.
글 쓰는 인연을 이어가는 사람들이
얽히고 얽혀 서로의 삶을 구성하는 순간인 것이다.
언젠가부터 내 삶은 확실히
글쓰기라는 그물망으로 얽힌 것이 되었다.

글을 쓰지 않았다면
닿지 않았을 인연

 부산에는 '나의 작가'들이 산다. 어느 가을, 두 건의 강연과 법적 문제로 부산에 방문하면서 나의 작가들을 만나고 싶었다. 그래서 '좋아서 하는 카페'를 운영 중인 정인한 작가에게 먼저 연락해서 카페에서 소소하게 북토크를 하면 어떻겠냐고 물었다. 그는 흔쾌히 수락했고 함께 자그마한 자리를 만들었다. 모처럼 부산에 있는 독자들을 만날 수 있는 소중한 자리였다.

 그 전에 부산에 있는 허태준 작가와 『그 일을 하고 있습니다』의 공저자 김재용 작가에게도 다 같이 식사할 수 있는지 물었더니 북토크까지 오겠다고 해서 같이 저녁을 먹고 북토크도 함께 했다. 저녁을 먹으며 한강 작가와 한국 문학, 또 글쓰기에 대해 두서없이 이야기했는데, 이런 두서없음이 좋았다. 나는 대뜸 허태준 작가에게 같이 북토크를 진행하면 어떻겠냐고 했고, 즉흥적으로 북토크 30분 전에 구상이 만들어졌다.

북토크야 어딜 가든 나 혼자서 진행하는 게 어색하진 않지만, 그래도 특별한 곳에 가서 특별한 사람들과 특별한 시간을 만드는 게 더 즐겁게 느껴진다. '우리'가 함께 무언가 할 수 있다는 것, 그런 시도를 해보는 것 자체가 좋다. 그렇게 찾아준 사람들과 그 순간의 이야기를 나누려고 한다. 부산에 와야만 함께 만나 이룰 수 있는 시간을 즉흥적으로 만드는 게 좋았다. 그래야 더 값진 추억이 되고 기억이 된다. 과거 살롱에서의 시간처럼 자연스러운 분위기를 만들고 싶다.

정인한 작가는 원래 김해에서만 하던 '좋아서 하는 카페'의 부산점을 차려 궤도에 올리느라 고생을 많이 한다고 했다. 카페는 참으로 단정했고 특유의 감성이 느껴졌다. 허태준 작가는 『교복 위에 작업복을 입었다』의 후속작을 준비 중인데, 운동을 열심히 해서 몸통이 엄청 커진 모습이 야구 선수 같았다. 김재용 작가는 《세상의 모든 문화》에 글을 연재 중이고 브런치에도 가난에 대한 글을 쓴다.

이런 멋진 동료들이 전국 곳곳에 있다는 게 감사하고, 그래서 인생이 즐겁다. SNS를 통해 알게 된 여러 독자를 만나는 것도 매번 고맙고 기쁜 일이다. 글을 쓰는 일은 외롭게 혼자 하는 일 같지만, 사실은 세상 곳곳에 있는 사람들과 닿아가는 일이다. 글을 쓰지 않았더라면 만나거나 알 수 없었을 사람들과 이어지는 인연이 신비롭다. 삶이란 그렇게 계속 이어진다.

작가들과 벌이는
작당모의

『살짝 웃기는 글이 잘 쓴 글입니다』를 쓴 편성준 작가와의 글쓰기 토크가 있었다. 나는 글쓰기 대담회 같은 것을 꽤 여러 번 자발적으로 열었다. 함께 이야기하는 게 즐거운 작가들과 가벼운 작당을 해보는 셈이다. 딱히 돈 되는 일도 아니지만, 무엇보다 그런 자리를 만드는 즐거움에 큰 가치를 둔다.

여태껏 대담회를 함께한 작가들을 열거해 보면, 김민섭, 이설아, 김성신, 정인한, 허태준, 이지안, 김소라, 김봉현, 김정주 등이 있다. 모두 내가 좋아하는 작가다. 글쓰기 이야기를 자유롭게 함께할 수 있다는 것만으로도 이런 일은 평생 이어가고 싶다.

나는 글쓰기 이야기를 할 때 가장 즐거운 사람이 된다고 느낀다. 20여 년이 넘도록 자발적으로, 진정으로 좋아해서 진심으로 한 일은 딱 하나, 글쓰기밖에 없다. 그 밖의 것은 그렇게 꾸준히 오래 한 게 없다. 그러다 보니 유독 글쓰기에 대해서만큼은 나의 온 역사와 인생이 꿈틀대듯 내 안에서 할 말이 똬리를 튼 게 아닐까 싶다.

한편으로는, 이런 글쓰기와 관련된 자리를 마련할 때마다 주변에 넘쳐나는 글쓰기에 대한 열망이 무척 반갑기도 하다. 이번에도 하루 만에 마감 인원인 100명이 넘었고, 노쇼를 감안하여 130명에서 서둘러 마감했다. 글쓰기에 관심 있는 사람이 이렇게 많다니, 내가 대학생 무렵에만 해도 상상도 못한 일이다. 그때는 오히려 글쓰기가 매우 마이너한 취미에 가까웠다.

그렇게 함께한 편성준 작가와의 시간은 무척 좋았다. 역시 나의 예상은 틀리지 않았다. 그와 실제로 만난 건 두 시간 남짓이었지만, 그 정도면 느낄 건 다 느낀다. 이분과는 한참 더 이야기해도 좋겠구나 싶었다. 그래서 이 자리를 제안했고, 즐겁고 영감도 얻는 좋은 시간을 만들었다.

편성준 작가의 말 중에 가장 좋았던 건 '살짝 웃기는' 글을 쓰는 요령이었다. 그 요령은 '살짝'에 있다. 과하게 웃기려 하지 말고 살짝만 웃기려 하면 좋은 글이 될 수 있다는 것이다.

요즘 개그 욕심이 생긴 나에게 좋은 길라잡이가 될 듯하다.

  그동안 내가 애써온 몇 가지 일이 있다. 하나는, 물론 좋은 변호사가 되는 일이다. 그러나 좋은 변호사가 되는 일에 관해 글을 쓸 일은 많지 않다. 그저 애쓸 뿐이다. 다른 하나는, 글 쓰는 사람들 간에 연대를 만드는 일이다. 글 쓰는 사람들이 서로 응원하며 더 좋은 글을 쓰고, 읽고, 그렇게 좋은 세상을 만들어가길 바라는 마음을 이어가고 있다. 이러한 시간도 그런 일에 조금은 기여했기를 바라본다.

느슨하게 얽히는
일의 기쁨

아이와 손수 딴 딸기를 한가득 들고 신년회에 갔다. 신년회는 《세상의 모든 문화》 작가들과 함께하는 자리였는데, 이전에 한 번 간 적 있던 어느 디자이너의 작업실에서 모이기로 했다. 예전에 마름모출판사 고우리 대표가 주선해서 간 적이 있었는데, 그사이 공간도 더 예뻐져 있었다. 진눈깨비 흩날리는 날, 크리스마스 분위기로 따뜻하게 꾸며진 차고를 개조한 공간에 작가들이 모였다.

작가들이 모이는 김에, 구독자와도 소통할 수 있는 대담회 프로그램을 간단하게 기획했다. 작가들끼리도 잘 모를 수 있어서, 대담회에 최대한 여러 작가가 참여할 수 있게 하고 서로 안면을 익혔으면 했다. 동시에 온라인으로 송출하여 구독자와도 소통하는, 가벼우면서도 자유롭고, 더 많이 연결되면서도 가까움을 잃지 않는 행사를 기획했다. 나로서는 다소 욕심을 부려 준비한 시간이었다. 대담회가 끝나고는 두어 시간 정도 자유롭게 수다 떠는 시간도 가졌다.

처음에는 장소를 대관해 모인다고만 생각했으나, 책 한 권을 읽고 생각을 바꿨다. 행동과학자 존 리비의 『당신을 초대합니다』라는 책이었는데, 모임 주최자의 역할을 강조하는 대목을 읽고는 반성했다. 작은 프로그램도 만들고, 공간 구성과 사람들의 케미도 고려하고, 전반적인 분위기까지 미리 생각할 필요를 느꼈다. 그렇게 다섯 시간 정도를 15명의 사람들과 함께 있으면서, 만족스러운 시간으로 만들려 애썼다.

당시 뉴스레터 필진이었던 아내와 아이도 있었는데, 이것도 내가 바란 풍경이었다. 나는 예전부터 아이들이 배제된 북토크 같은 엄숙한 '어른들의 자리'에 반감을 갖고 있었다. 아이들을 배제해야만 성립하는 자리란, 그런 커뮤니티란 무언가 잘못된 거라 생각했다. 이번 모임에도 아이들을 데려와도 된다고 말했고, 나름 모범을 보이고 싶기도 했다. 한 작가는 남편과 동석하기도 했다.

서로가 환대하는 분위기에서, 가능한 한 아무도 소외되지를 않기를 바랐다. 아이도 곧잘 사람들에게 예쁨을 받으며 잘 어우러졌다. 태어나서 단 한 번도 신년회라는 걸 준비하거나 주최해 본 적이 없던 내가 작가들이 모인 첫 신년회를 잘 마쳤다는 사실이 뿌듯했다. 제주, 대전, 수원 등 멀리에서 온 작가들, 해외에서도 온라인으로 참여해 준 사람들과 많은 구독자들이 좋은 것을 얻어 갔기를 바랐다.

나는 작가들의 연대에 대해 느슨한 마음을 갖고 있다. 너무 큰 기대나 욕심을 갖지 않고, 자유롭게 와해되거나 팽팽해지며 하나의 유기체처럼 흘러가도록 대하고 있다. 그러다가 생명이 다하면 분해되어 흙으로 돌아가듯, 이 연대가 사라지는 날이 와도 받아들일 마음이 있다. 그러나 이 연대가 존재하는 한, 내가 먼저 이 끈을 놓지는 않으리라고 생각한다.

글을 쓰고자 했던 사람들이 글을 쓰고, 자기를 표현하고, 글로써 세상과 소통하며, 삶에서 글쓰기의 자리를 만들어가고, 그를 통해 사람들과 깊이 연결되고, 누군가의 삶을 펼치는 데 서로 도움이 되는, 그런 일이 이어져가는 데 기여한다는 건 기쁜 일이다. 넷플릭스로 재밌는 드라마를 보는 것보다도 더 즐겁다. 그러니까 해나가는 것이다. 가치 있는 기쁨을 한 시절의 일부로 느낀다. 그것이 이 사람들과 여기 얽힌 일이 내 삶을 조금 더 좋아하게 만든다.

나는 작가들의 연대에 대해
느슨한 마음을 갖고 있다.
너무 큰 기대나 욕심을 갖지 않고,
자유롭게 와해되거나 팽팽해지며
하나의 유기체처럼 흘러가도록 대하고 있다.

두려운 제안,
고마운 대답

 가득 찬 날이 이어졌다. 3주간 총 3회로 기획했던 '콘텐츠 토크' 주간이 뜻깊게 막을 내렸고, 다음 날에는 김풍 작가와 함께 '육아 토크' 유튜브를 녹화했다. 우연히도, 이튿날 오래된 소송 건의 중요한 합의가 마무리되어 골머리깨나 앓던 사건 하나까지 극적으로 끝냈다. 문화평론가이자 육아 에세이 작가, 변호사로의 일이 북적거리며 나아가고 있었다.
 콘텐츠 토크는 순전히 백지에서 기획해서 사람들을 모으고 패널을 섭외하여 무에서 유를 만들어내는 느낌으로 해본 일이었는데, 상당히 반응이 좋았고 무척 만족스럽게 끝났다. 로에나 변호사와 함께했던 첫날의 '콘텐츠 저작권 특강'부터,

김성신 출판평론가와 심층적으로 나누었던 출판과 책에 관한 이야기, 마지막 날 뉴스레터 《썸원》의 윤성원 대표와 했던 콘텐츠로 먹고살기에 대한 집대성까지, 나도 많이 배웠고 무척 알찼던 시간이었다.

사실 콘텐츠 토크는 한참 전부터 하고 싶었지만, 어쩐지 용기가 나지 않아 미루던 일이었다. 이런 걸 한다고 사람들이 모일까, 잘될까, 좋은 분을 섭외할 수 있을까, 하나부터 열까지 고민이 많았는데 용기를 낸 건 역시 사람 덕분이었다. 함께할 사람들에게 제안했을 때 의외로 너무 흔쾌히 수락받고 기획부터 도움을 얻으면서, 해볼 만하겠다는 자신감을 얻었다. 그리고 실제로 잘되었다.

제안은 늘 두려운 일이다. 가까운 지인에게 제안했다가 상대가 지나치다고 느껴 관계가 어색해질까 봐 걱정되기도 한다. 김풍 작가에게 육아 토크 이야기를 건넬 때도 그랬다. 이독실 과학커뮤니케이터에게 북토크를 함께해 줄 수 있느냐고 물을 때도 고민했다. 결국 무척 고마운 대답을 돌려받으면서, 걱정 앞에 무릎 꿇기보다는 걱정을 이고 나아가야겠다는 생각을 했다. 감사하고, 받은 만큼 갚겠다고 생각하며, 용기를 갖고 나아갈 필요가 있다.

변호사로서의 협상도 마찬가지다. 변호사 일은 상대와 싸우는 일도 중요하지만, 합의를 잘할 수 있어야 한다. 합의할 때는 지나치게 을이 되어서도, 갑이 되어서도 안 된다. 상대방에게 지나치게 숙여서도 안 되고, 상대방을 지나치게 윽박질러서도 안 된다. 의뢰인에게 최선의 결과가 무엇인지 고민하면서도 상대방의 마음을 끌어내면서 가장 합리적인 결과에 서로 도달할 수 있도록 자신감을 갖고 밀어붙여야 한다. 이번 일만 해도 몇 개월간 엄청나게 많은 통화를 하면서 양자 사이에 합의를 끌어낸 것이었다. 역시 용기를 갖고 나아가야 한다.

일을 벌였을 때 다행히도 수습이 되고, 또 기꺼이 일을 벌이는 걸 도와주며 호응해 주는 사람이 있으며, 완벽하진 않더라도 상상한 것들을 실현해 나갈 수 있는 심지가 있음이 감사하고 다행인 시절이다. 하고 싶은 걸 다 하면서 살 수는 없겠지만, 그래도 그중에서 의미 있는 일 몇 가지는 잘 실현되길 바란다. 내가 믿음을 얻은 일들, 책임을 지는 일들, 의미 있다고 믿고 실현해 가는 일을 잘 해낼 임무가 있다고 느낀다. 이렇게 또 뚜벅뚜벅 몇 달을, 한 해를 보내고 나서, 또 잘 이겨냈고, 잘 해냈다고 믿고 싶다.

부록

글로 이루어진 공동체의 독특한 위로

허태준

글쓰기 자아가 만난 최초의 인류

"글은 표현의 수단이고, 그 목적은 전달과 연결이라고 생각합니다. 오랜 시간 혼자만의 글쓰기에 갇혀 있었기 때문에 찾아내지 못했던 문제점을 알고 싶습니다. 더 잘 표현하고 싶습니다. 솔직히 말하면, 그냥 더 잘 쓰고 싶습니다. 정해진 기간과 첨삭을 전제로 한 글쓰기는 익숙하지 않지만 용기를 내 보기로 했습니다. 겁에 질려 아무것도 하지 않는 사람이 되고 싶지도 않고, 그런 글을 쓰고 싶지도 않습니다."

— 2018년에 썼던 자기소개서 중

'작가와 읽고 쓰기' 모임에 참여하기 위해 썼던 신청서를 다시 찾아보았다. 늦여름 더위가 남아 있던 카페에서, 페이스북 공지를 확인하고 곧바로 모임에 지원했다. 전달, 연결, 용기, 그냥 더 잘 쓰고 싶다는 생각을 메일로 보냈다.

그때의 마음은 지금도 여전하지만, 겁이 많고 아무것도 하지 않으려는 버릇 또한 남아 있다. 한 계절을 지나오면서 나는 조금이나마 변했을까? 어쩌면 '작가와 읽고 쓰기' 모임은 글보다는 나라는 사람에 대해 더 많이 고민한 시간이었다.

오랫동안 혼자서 글을 써왔다. 인터넷 카페에 간간히 소설을 올리기는 했지만, 눈앞에 마주한 상대에게 글을 보여주는 경우는 없었다. 언제나 깊숙한 방에서 홀로 글을 쓰고, 다시 읽고, 수정하는 작업을 계속했다. 외롭지는 않았다. 문장 하나를 위해 밤을 새우던 날에도 빛나는 순간이 있었다. 그 순간을 따라가다 보면 무언가 보일 것 같아서, 분명 어딘가에 닿을 수 있을 것 같아서, 그렇게 더 깊숙한 곳으로 자신을 몰아세웠다.

'작가와 읽고 쓰기' 모임은 나의 내면이 타인과 관계를 맺으며 세상에 드러나는 시간이었다. 나도 알지 못했던 글쓰기 자아로서의 나를 발견했다. 그 자아는 무척이나 소심하고, 사람과 어떻게 교류해야 할지 알지 못하는, 마치 어린아이와 같았다. 모임에서 만난 사람들은 글쓰기 자아로서 내가 마주한 최초의 인류였다.

겁을 내며 떨고 있던 내게, 그들은 기꺼이 손을 내밀고 먼저 인사를 건네주었다. 자신들의 이야기를 통해 삶의 온기를 나누어주었다. 바람이 차가워지면서 현실의 문제에 머리를 싸매다가도, 수요일 저녁이면 어김없이 가슴이 두근거렸다.

이 모임이 계속되면 좋겠다. 영원히 끝나지 않았으면 좋겠다. 하지만 언제나 끝은 다가온다. 이 모임이 없어도, 정지우 작가님이 없어도 나는 글을 써야 한다. 써내야만 한다. 마감을 지키지 못해 제출하지 못한 글이 남아 있었다. 그 글은 조금 더 솔직하고, 조금 더 많은 용기를 가지고 쓰고 싶었다. 조금 더 부족하고 치기 어린 객기를 부려보고 싶었다.

마지막 모임을 끝내고 돌아가는 길에 어쩌면 여기서부터, 이 거리에서부터, 함께 나누었던 대화에서부터, 모두가 건네준 따뜻한 온기로부터, 무언가 태어날지도 모른다는 생각이 들었다. 그건 사랑이나 애정, 글쓰기와 삶에 대한 존중 같은 것이다. 나는 여기서 너무나 많은 것을 배웠다. 이제 형체 없이 흘러내리는 감정을 시간을 들여 천천히 응고시켜 보려 한다.

소중한 인연을 만날 수 있었음에 감사한다. 그리고 모두의 글을, 마음을, 삶을 정성 들여 바라봐주었던 정지우 작가님에게 감사한다. 이 모임을 통해 새로운 글들이 태어났고, 그만큼 세상은 더 따뜻해졌을 것이다. 새해가 밝으면 이곳에서 만난 모두가 행복하기를, 그 행복을 나누고 나눠 받으며 더 따뜻해지기를, 그리고 모두가 계속 자신만의 글을 써 내려갈 수 있기를 바란다. 나는 힘이 들고 지칠 때마다 그날의 단어를 꺼내보려 한다. 그러면 분명 살아갈 용기를 얻을 수 있을 것이다.

허태준
직업계 고등학교를 졸업하고 현장 실습생, 산업기능요원으로 지역 중소기업에서 일한 경험을 『교복 위에 작업복을 입었다』라는 책으로 썼습니다. 일하는 청(소)년, 대학생이 아닌 이십 대, 군인이 아닌 군 복무자로 살아가며 스스로 소개하는 것조차 버거운 삶이 있음을 알고 그런 이야기를 찾아 글을 쓰고 있습니다. 『세상의 모든 청년』 『나의 시간을 안아주고 싶어서』 등의 책을 함께 썼습니다.

고정희

심연을 건너는 글쓰기

퇴근길 돌담 옆에 홀로 서 있는 금목서의 주황색 꽃 향기가 진하게 교정을 맴돌던 늦가을부터 글쓰기 모임이 시작되었다. 찬바람이 불어 꽃이 전부 떨어지고 나뭇가지와 돌담에 눈이 소복이 쌓일 때까지, 목요일 저녁에는 항상 일정을 비워놓았다. 집에 도착해 노트북을 켜고 모임에 출석하기 위해 매주 목요일만큼은 퇴근 시간도 정확하게 맞추려고 노력했다.

온라인 모임이기에 내가 사는 제주와 서울뿐 아니라 미국, 아프리카, 독일 등 다양한 나라에서 모일 수 있었다. 돌이켜보니, 열 명의 모임원들과 매주 글을 공유하고 이야기를 나눈 두 달간의 여정이 꿈인가 싶다.

정지우 작가님이 주최하고 진행한 이 모임은 시작하는 시간은 있지만 끝나는 시간이 따로 없었다. 다시 말해, 마무리하기로 정한 시간이 있었지만 그 계획은 우리의 열정에 묻혀 무색해졌다. 새벽 1~2시는 되어야 마침표를 찍을 수가 있었다. 다음 날 조금은 퀭한 눈으로 출근 버스에 올라도 글을 매개로 나누었던 멋진 순간이 차창 밖 하늘에 하얗게 박힌 달처럼 자부심과 뿌듯함으로 마음에 남아 한 주간 여운이 이어졌다.

첫 주제인 '여행 또는 산책'으로 글을 썼을 때, 그림을 그리듯 표현하는 것이 아름다울 거라 생각했다. 그래서 글 여기저기에 묘사를 잔뜩 써놓았는데 전체적으로 너무 힘이 들어가 읽기 부담스럽고 피곤한 글이 되었다. 글을 읽은 작가님은 묘사는 은은하게 적절히 들어가야 한다고 했다. 그리고 모임원들의 멋진 글들을 읽고 나니 좀더 분명히 알 수 있었다. 강약 조절로 흐름을 만들어야 읽기 좋은 글이 된다는 것을 말이다. 글도 음악처럼 완급 조절을 하며 리듬을 만들 수 있다니, 참 마음에 들었다. 예술처럼 사람의 마음을 간질일 수 있다는 이야기로 들렸다.

총 세 번의 글쓰기를 통해 내 문장의 호흡이 너무 길고 문단의 배열이 부자연스럽다는 것을 알았다. 그런 피드백을 받고 글을 쓰며 점점 성장했다.

그리고 글 쓰는 자아를 인지했다. 사회생활을 하면 상황에 맞는 이야기를 해야 하는데, 그때마다 콕 집어 요구되는 자아가 있다. 사회생활에 익숙해질수록 요 '능청맞은 자아'들의 목소리는 늘어가지만, 어떠한 자아는 입을 꾹 다문다. 어떤 자아는 시간이 지나며 잃어버리거나 스스로 창피하다며 떨궈버리기도 했다. 글쓰기는 이렇게 말하기를 멈춘 자아에게 연필을 쥐여준다.

글쓰기 모임에서 가장 인상 깊었던 작가님의 말은 '내면으로 들어가 우리는 만난다'는 것이었다. 더욱 솔직하게 심연의 이야기를 할수록 우리는 고립되는 것이 아니라 서로 연결되는 경험을 한다는 것이다. 문을 열고 밖으로 나가야 사람을 만날 수 있을 것 같지만, 반대로 더 내면으로 파헤쳐 내려간 글로써 만난다고 작가님은 말했다. 신비로운 말이지만 무슨 뜻인지 단번에 이해할 수 있었다.

오랜 시간 나와 내면이 비슷한 사람이 이 세상 어딘가에 있지 않을까 기대했었다. 한때 소울메이트라는 말이 널리 쓰인 적이 있는데, 지금도 영혼까지 통하고 어떤 이야기를 해도 이해할 수 있는 소울메이트를 꿈꾼다.

어릴 때는 제일 친한 친구를 붙잡고 내 안의 이야기를 구구절절 털어놓기도 했다. 하지만 어느 순간에는 감정이 잔뜩 묻어 있는 이야기들을 한 사람에게 우르르 털어놓으면 서로에게 부담으로 다가올 때가 있다는 것을 깨달았다. 어른이 되면

1인분의 삶을 오롯이 어깨에 짊어져야 한다. 그 사실은 가끔 울분을 터트리는 자아에게 스스로 감내할 때가 왔다고 다그치는 것 같았다. 그리고 곧 고독해졌다.

그러다 정제된 언어로 리듬감을 가지고 내면 깊숙이 침투하며 울림을 주는 글을 읽었다. 나만 힘든 것이 아니라는 생각에 안심이 되었다. 소울메이트는 아니지만 세대와 장소를 초월하여 비슷한 생각을 하는 사람들의 글을 읽고 공유하고 치유되는 경험을 했다.

글쓰기 모임에서도 그런 경험이 여러 번, 아니, 거의 매번 있었다. 합평 때 가장 많이 한 말이 공감한다는 말이었다. 내면이 도플갱어처럼 똑같을 수 없지만, 우리는 글로 이어졌다. 어떤 글은 공감이 많이 가서 여러 번 읽으며 밑줄을 긋기도 했다. 그리고 꼭 나와 같은 생각을 담은 글이 아니더라도 내밀하게 이해되어 내 안의 세계가 확장되기도 했다.

글은 세상을 기록하는 도구다. 그렇기에 글쓰기에 대해 이야기하기 위해 모였지만 때로 자신에 대해 이야기하고, 삶에 대해 이야기하고, 세상에 대해 이야기했다.

일기처럼 글을 쓸 때는 독자와 소통하기는커녕 독자가 누구인지 생각도 않고 내 감정의 타래를 글로 풀어 기록할 뿐이었다. 내면의 방에 혼자 불을 켜고 들어앉아 조용히 글을 썼다. 글쓰기 모임을 하며 비로소 누군가가 내 글을 읽는다고 의식했다. 독자를 내면의 방에 초대하는 연습을 시작한 것이다.

누군가가 내 글을 본다고 생각하니 내가 너무 과거에 집착하며 찌질한 것이 아닌가, 조직 사회에 어우러지지 못하고 반사회적인 글을 쓰는 것이 아닌가 검열하기 시작했다. 그러나 무언가 표현하고 싶고 표현하지 못하면 답답한 것은 나만이 아닐 거라는 생각이 들었다. 우리는 모두 어느 정도는 찌질하고 어느 정도는 반사회적이다. 물론 이런 자아들이 설득력을 갖도록 자꾸 적어야 한다.

글을 적기 위해 침실의 불을 끄고 내면의 방에 은은한 조명을 켠다. 그리고 세대와 장소를 초월하여 내 이야기를 경청해줄 가상의 독자들과 둘러앉는다. 금목서 꽃잎이 가득 팔랑이는 초대장이 유리병에 담겨 누군가의 심해에 닿았으면 좋겠다. 그런 설렘으로, 내일도 나는 글쓰기를 계속하겠다.

고정희
제주에서 아이들과 10년째 함께하고 있는 초등학교 교사입니다. 뉴스레터 《세상의 모든 문화》에 교육 이야기를 연재하며 교실에서 아이들과 나눈 일상의 조각들을 돌아보고 기록했습니다.

서하도

비눗방울 막대 다루기

나는 아주 어려서부터 대학교 졸업 무렵까지 매일 일기를 썼다. 초등학교 때 숙제로 매일 일기를 써내던 게 하루 일과로 굳어서, 잠들기 전에는 짧든 길든 뭐라도 적는 것이 습관이 되어버렸다. 직장인이 된 후에는 매일 쓰지 않지만, 뭔가 기록으로 남겨두고 싶은 일이 있거나 생각을 정리하고 싶을 때는 일기를 적곤 한다. 학생 시절에는 일기를 적지 않으면 혼날 것 같은 느낌이었다면, 어른이 되어서는 내가 원하고 필요할 때 일기를 쓰니 편한 옷을 입은 채 좋아하는 펜을 꺼내 들고 책상 위에 일기장을 펼치는 순간이 점점 좋아졌다.

일기를 쓰면서 특히 좋은 순간은, 내 머릿속에 있는 생각이

나 감정을 글로 옮겨 적을 때다. 아직 글이나 말의 형태가 되기 전인 머릿속 심상은 비눗방울처럼 약하고 가벼워서 조금만 잘못 건드려도 빵 터져버리거나 휙 날아가버리고 만다. 비눗방울 막대를 요령껏 움직이면 예쁜 비눗방울이 만들어지지만, 기술도 없으면서 마구 휘저으면 비눗방울이 터져버리거나 거품이 보글보글 일어나 이상한 모양이 되어버린다.

나는 기술이 있는 편은 아니니까 예술적인 비눗방울을 만들기보다는, 온전한 비눗방울 한두 개라도 만드는 게 목표다. 머릿속에 뭔가가 떠오르면, 숨을 고르고 눈을 감고 비눗방울 막대에 집중한다. 욕심부리지 않고 바람결을 따라 살짝 흔들어본다. 비눗방울이 보오옹 피어나면, 그 순간이 그렇게 행복할 수가 없다. 내 머릿속에 잠깐 떠올랐던 이미지가 글이라는 형식으로 종이 위에, 컴퓨터 스크린 위에 적절한 형태로 나타나는 것이 신기하다. 그게 너무 좋아서 때로는 비눗방울이 햇볕에 반짝이면서 살랑살랑 바람에 떠다니는 것을 한참 구경하기도 한다.

학교 다닐 때도 그랬고, 그 이후 직장 생활을 할 때도 대부분 리포트나 보고서 등 실용적인 글쓰기를 하고 있다. 일기나 편지 정도의 개인적인 글쓰기를 제외하고는 대부분 목적이 뚜렷하고, 용처가 이미 정해진 상태에서 글 작성을 요청받으며, 글을 읽을 독자도 매우 제한적이다. 그런 글을 쓸 때는 비눗방울이 등장하지 않는다. 실용적 문서에는 심상이 등장할 틈이 없기 때문이다. 논리나 팩트를 이해하기 쉽고 명료하게 적으면 된다. 물론 이 과정도 재미있다. 컴퓨터 프로그래밍이나 퍼즐을 푸는 것과 비슷하다. 어려운 개념을 글로 정리해내는 성취감도 있다. 그러나 비눗방울을 불 때처럼 가슴 떨림은 없다.

계속 일기를 쓰고 또 실용적인 글쓰기를 해왔지만, 개인적인 글쓰기와 실용적인 글쓰기의 구체적인 차이를 최근까지도 몰랐다. 일기를 쓸 때 특유의 섬세한 설렘이 있다는 것도 인지하지 못했다. 그냥 일기를 쓰는 시간이 좋고 힐링이 된다고만 생각하고 있었다. 그런데 작년에 페이스북을 통해 정지우 작가의 글을 접하면서, 그의 글 속에 비눗방울들이 방울방울 떠다니는 것을 보았다. 그가 자신의 심상을 어떻게 다루고 얼마나 소중히 여기는지 거듭 보면서, 내가 일기를 쓰면서 해오던 게 무엇이었는지 깨달았다. 일기를 쓰는 시간은 나를 지키는 힘이었다.

그 무렵 정지우 작가가 운영하는 글쓰기 모임 모집 글을 보았다. 덥석 신청하고 싶었지만, 글쓰기 수업을 신청하는 데는 용기가 필요했다. 내가 쓴 글을 특정한 독자가 아닌 대중에게 공개하는 것은 생각해 본 적이 없고, 특히 실용적인 글쓰기가 아닌 에세이 장르는 낯설어서 내 이야기를 솔직하게 털어놓을 마음의 준비도 되어 있지 않았다. 그러나 일과 중에서 가장 순수하게 행복감을 느끼는 순간들, 찰나이지만 내 삶에 없으면 안 되는 순간을 더 잘 느껴보고 싶어서, 결국 마감 시간을 몇 분 남겨두고 수업 신청서를 제출했다. 비눗방울 막대를 다루는 방법을 좀더 배워보기로 한 것이다.

예상대로 에세이를 쓰는 것은 쉽지 않았다. 정지우 작가는 초보 에세이스트 혹은 에세이스트 지망생들을 위해 몇 개의 가이드를 제시했다. 그는 "솔직하고 친절하고 구체적으로 쓰면 좋은 글이 된다"라고 몇 번이고 강조했다. 그중 가장 중요한 한 가지는 단연코 '솔직함'이다.

그런데 나에게는 '솔직함'이 에세이를 쓰는 데 최초의 장벽이었다. 감출 게 많아서가 아니라, 솔직함의 의미를 잘못 이해했기 때문이었다. 나는 솔직함을 내 모든 이야기를 쓰라는 말로 이해했다. 그래서 솔직함에 '친절함'과 '구체성'까지 더해서 나의 경험, 생각과 감정을 구구절절 늘어놓기 시작했다. 그렇게 적고 보니, 이런 글이 읽을 만한 글일까 하는 의구심이 들었다. 내가 쓴 글이 다소 잘못된 방향으로 구체화되고 있음을 스스로도 느꼈던 것이었다. 나중에야 메세지는 솔직하고, 문장은 친절하고, 표현은 구체적이어야 한다는 뜻임을 알았지만, 스승님의 가르침을 깨달았다고 해서 바로 하산하는 것은 아니니 갈 길이 멀었다.

또 하나의 어려움은 퇴고였다. 혼자 일기를 쓰던 시절에는 퇴고가 필요 없었고, 보고서나 리포트의 경우에는 퇴고보다는 개정판을 만드는 과정에서 잘못된 정보를 고치거나 논리를 보완하는 정도에 그쳤다.

그런데 모임에서는 나 혼자 하는 퇴고가 아니라, 아홉 명의 다른 수강생과 정지우 작가의 의견까지 수렴해서 최종 결과물을 내놓아야 했다. 나는 내 입맛만 신경 쓰면 되는 개인적인 글쓰기에 너무 오래 익숙해져 있어서, 누구인지도 모르는 많은 사람이 읽을 것을 염두에 두고 글을 쓰는 것만으로도 이미 힘을 다 쏟은 상태였다. 그런데 여기에 열 명의 의견이 추가되고, 그 의견들을 내 입장으로 소화하고 조율해서 퇴고본을 만들려니 죽을 맛이었다. 한쪽을 고치면 다른 쪽이 틀어졌고, 한 문장을 추가하면 문단 순서를 완전히 바꿔야 했다.

이런 종류의 어려움은 초보 에세이스트로서, 혹은 작가 지망생으로서 내가 안고 가야 할 숙제일 것이다. 그리고 이 숙제를 하나씩 풀어가는 과정에서 나다운 글을 쓰고 세상에 도움이 되는 글을 쓰게 되리라 생각한다.

누가 시킨 것도 아닌데 글쓰기 모임을 신청하고 밤늦게까지 이렇게 컴퓨터 앞에 앉아 있는 걸 보면, 글을 쓰는 게 나에게 큰 의미를 갖는 것은 분명하다. 또 혼자만 간직하는 글쓰기보다는 글로 남들과 소통하는 것이 그 의미를 더 증폭시

킬 것이라는 믿음도 있다. 아직 나는 숙제를 다 해내지 못했지만, 포기하지는 않을 것이다. 그리고 "글을 통해 나는 이런 이야기를 하고 싶어, 내가 가진 ○○○을 사람들과 나누고 싶어"라는 문장을 완성해 내려 한다. 그렇게 힘 있게 글을 쓸 그날까지 생각하고, 고민하고, 답을 찾아보려 한다.

서하도
IT 회사를 다니는 직장인입니다. 주로 보고서나 회의록, 논문 같은 실용적인 글쓰기 위주로 글을 쓰다가 정지우 작가님과 함께 에세이, 인문학적인 글쓰기를 연습하고 있는 작가 지망생입니다.

이목

'결혼 이유서'를 쓴 이유

 글쓰기 모임에 참여하게 된 것은 당시의 여자 친구 덕분이다. 그녀는 나보다 2년 먼저 작가님과 글쓰기 모임을 했다. 그 전에도 글을 쓰는 사람이었지만 모임 덕분에 책을 읽고 글을 쓰는 것을 더욱 사랑하게 된 것 같았다. 심지어 매일 글을 쓰지 않으면 안 되는 것처럼 말했다. 그녀가 변화하는 모습을 옆에서 지켜보니 신기하고 호기심이 생겼다. 어떤 모임일까. 언젠가 작가님의 글쓰기 모임이 열린다면 주저하지 않고 참여해야겠다 생각했다.
 사실 그보다 더 큰 이유는 여자 친구에게 선물 받은 한 권의 책이었다. 자정 넘어 퇴근한 어느 날 저녁, 현관문 앞에 작은 택배 하나를 발견했다. 직감적으로 여자 친구가 나를 위해 얼마 전 주문했다는 책이겠구나 싶었다. 그날은 몸이 피곤하기도 했지만 일과 삶에 대한 현실적인 고민이 커져 유독 마음이 무거운 날이었다. 바쁘게 샤워를 마치고 나와 갈색 봉투의 소포를 열어보았다. 작가님의 책이었다. 첫 장 오른쪽 한편에 검은 글씨로 이렇게 적혀 있었다. "글쓰기가 삶을 살려내는 일을 믿을 수 있기를". 이 문장이 이렇게까지 크게 와닿다니, 절박하게 삶을 살려내고 싶은 내 마음을 이토록 정확히 저격하다니 놀라웠다. 그 문장은 모두가 잠든 시간에 외롭고 어지러운 내 마음의 유일한 위로 같았다.

처음 작가님의 글을 접한 것은 책을 통해서가 아니라 페이스북을 통해서였다. 우연히 본 글에서 가족을 향한 사랑과 동시에 어깨에 놓인 책임감을 느꼈다. 담백하고 솔직한 글을 쓸 수 있는 그가 멋있었다. 매일 쓰는 삶을 살아가는 그가 신기했다. 그리고 어떻게 그런 삶을 살아갈 수 있는지 궁금해졌다. 그러던 차에 『우리는 글쓰기를 너무 심각하게 생각하지』를 선물받은 것이다.

나는 이 책에서 묘한 위로를 받으며 소소하게나마 글쓰기라는 것을 시작했다. 혼자만 볼 수 있는 공간에 글을 썼다. 그것은 나 자신과 하는 솔직한 대화 같았다. 동시에 그것이 삶에 긍정적인 영향을 주었다. 그렇게 글쓰기는 내 삶으로 들어왔다. 그리고 글을 더 잘 쓰고 싶다는 생각이 들었다. 나도 어쩌면 누군가에게 도움이 되는 이야기를 할 수 있지 않을까 상상하게 되었다.

시간이 꽤 흐른 뒤 작가님의 글쓰기 모임 모집 공고가 인스타그램에 떴을 때 들뜬 마음으로 여자 친구에게 지원하겠다고 말했다. 그러나 막상 모임 지원서를 앞에 두고 빈칸을 채우자니 주저하는 마음이 들었다. 글을 쓴다는 것과 글을 내보이는 것은 다른 이야기 같았다. 비난이 가득한 시대에 내 글을 내보이는 것은 두려운 일이었다. 그래서 혼자 볼 수 있는 곳에만 글을 썼다. 글쓰기 모임에 지원할 때도 이런 마음이 앞섰다. 평가받는 것이 무서웠다. 그런 내게 여자 친구는 그곳은 다르다고 말했다. 글쓰기 모임을 '안전지대'라고 소개하며, 그들은 내 글을 온전히 봐 주고 쉽사리 판단하지 않는다고 했다. 솔직히 말하자면 모임에서 말하는 것조차 두려웠던 것 같다.

나는 사람을 좋아하지만, 유독 남들의 시선을 신경 쓰고 남들 앞에서 이야기하는 것을 어려워했다. 누군가의 앞에서 내 이야기를 한다는 것은 상대의 평가를 고려해야 하는 두려운 일이었다. 하지만 나는 그녀의 말을 믿어보기로 했다. 진심을 다해 지원서를 썼고 운 좋게 작가님께 채택이 되어 '봄날의 에세이 쓰기 모임'에 함께하게 되었다.

우리는 총 세 편의 글을 쓰고 합평했다. 모임에서의 경험에 의하면, 좋은 글을 쓴다는 것은 글쓴이 안의 솔직함을 꺼낸다는 말과 같았다. 작가는 그 솔직함을 친절하게 보여주어 사람들에게 먼저 다가간다. 그리고 독자가 글을 읽게 한다. 좋은 글을 쓰는 방법을 배우려 모인 사람들에게 반드시 필요한 것은 솔직함을 선보이는 용기였다. 특히 에세이를 쓰기 위해 모인 사람들에게는 그 진실함이 유용했다. 그래서 우리가 좋다고 느껴지는 글은 모두 자신의 이야기를 꺼내면서 시작되었다. 자연스레 자신의 이야기가 글에 담겼다. 모임원들이 한 편 한 편 좋은 글을 쓰기 위해 노력할수록 한 발 한 발 다가가 서로를 알아가고 이해할 수 있었다.

누군가에게 보이는 글을 써본 사람은 안다. 연필을 든 사람은 지우개를 찾고, 키보드를 놓은 사람은 백스페이스를 누른다. 썼다 지우기를 반복해 만들어진 글은 입으로도 읽히고 머리로도 되뇌어진다. 그렇게 글을 써서 모인 사람들은 서로의 글에 감탄할 수밖에 없었다. 고민해서 만든 표현은 가슴 깊이 다가오고 작가님께 배운 좋은 구조는 눈에 선명히 들어왔기 때문이었다. 글을 쓰기 위해 노력한 모임원들은 남의 글을 쉽게 비난할 수 없었지만 글쓴이를 위해 독자로서의 궁금점을 말하는 일은 주저하지 않았다.

글에 진심인 사람들의 피드백은 서로에게 용기를 주고 발

전하게 했다. 그게 '안전지대'를 만드는 힘이라고 생각했다. 그 안에서 모임원들의 진솔한 이야기를 들을 수 있었는데, 온라인 모임이기에 각기 다른 먼 공간에서 모니터를 통해 만났지만 마음속 거리는 멀게만 느껴지지 않았다. 우리는 서로의 존재를 글로 자연스럽게 이해하게 되었다. 어느덧 마음이 열려 주변의 친구들보다도 더 깊은 이야기를 하기도 했다.

서로의 이야기를 알고 가까워질 때쯤 글쓰기 모임이 끝났다. 2주마다 만나던 목요일 밤이 사라졌다. 며칠이고 고민하며 4,000자 내외의 글을 써냈던 그날들이 너무 짧게 느껴졌다. 작가님과 함께한 열 명의 모임원들이 서로의 글을 치열하게 읽고 즐겁게 이야기 나누다 보니 그 길었던 밤들이 훌쩍 지나갔다. 어설프지만 고민해서 쓴 글을 누군가 읽어주는 것이 고마웠다. 내 글이 좋다고 말해 주는 사람이 있어서 신기하고 즐거웠다. 다양한 직업과 생각을 가진 모임원들의 글을 읽으면 내 세상이 넓어지는 것처럼 느껴졌다. 무엇보다 든든한 글쓰기 동지가 생겨서 좋았다.

모임이 끝난 후 모임원 중 한 분이 책을 냈다. 우리는 여의도 한 중국집에 모여 작은 사인회를 열고 그녀의 작가 데뷔를 축하했다. 그 인연으로 출간기념회에도 다녀왔다. 많은 사람 앞에서 북토크를 열어 자신의 이야기를 하고 축하받는 모습을 보니 마음이 뭉클했다. 책에는 우리와 합평했던 글도 담겨 있었다. 그녀를 작가님으로 부를 수 있어서 참 좋았다. 나도 언젠가 책을 낼 수 있지 않을까 막연히 상상해 보았다. 추첨을 통해 큰 선물까지 받았는데, 아버지가 그려주신 의미 있는 그림이라고 했다. 그림은 어두운 바다에서 밝게 빛나는 등대였다. 힘들었던 시절 그녀를 밝혀주던 빛이 나에게로 퍼지는 듯한 느낌이 들었다. 글쓰기 모임이 아니었다면 이런 특별한 순간들을 마주할 수 있을까 싶었다. 나의 작은 세상이 글을 매개로 더 넓은 곳을 향해 나아가는 느낌이 들었다. 아쉽게도 각자의 사정으로 우리의 모임은 오래 지속되지 않았지만 그 후에도 나의 글쓰기는 이어졌다.

모임이 끝난 지 얼마 되지 않아 '결혼 이유서'를 썼다. 우리는 오랜 연인 사이였다. 자연스럽게 결혼에 대해 이야기하던 어느 날, 여자 친구는 프러포즈를 하지 말아 달라 했다. 한국 드라마를 보고 자란 나는 프러포즈가 없는 결혼은 상상할 수 없었다. 한강이 보이는 높은 호텔에서 무릎을 꿇거나, 풍선이 가득 담긴 자동차 트렁크를 열어 보이는 등 상상해 온 몇 가지 중 하나를 실행할 참이었다. 그런데 프러포즈를 하지 말라니 당황스러웠다. 그때 문득 글을 떠올렸다. 프러포즈를 할 수 없다면 글쓰기 모임을 통해 배운 솔직함이라는 언어로 결혼을 이야기하기로 했다.

우리는 연애하면서 기념일마다 서로에게 글을 써주었다.

서로 대단한 선물은 하지 않더라도 매번 편지는 썼는데, 그런 편지들을 모았다. 카톡에 있던 장문의 메시지와 혼자 간직하고 있던 일기장도 가져왔다. 그 글들을 재료로 우리의 위기의 순간과 결혼을 결심하게 했던 날을 다시 떠올리며 글을 쓰기 시작했다. A4 30장 정도의 글이 모였다. 밤낮으로 완성한 글을 읽으며 스스로 이 글을 쓰길 잘했다고 생각했다. 프러포즈의 달콤한 말은 기억 속에 희미해지겠지만, 내가 남긴 글은 계속해서 남아 우리를 위해, 또 나를 위해 힘을 줄 것 같았다. 글쓰기 모임이 아니었다면 이런 결심을 할 수 있었을까. 여자친구의 큰 그림 같기도 한 이 글쓰기의 여정은 이제 시작되었다. 글쓰기와 함께할 앞으로가 기대된다.

이목

금융회사에서 일하는 직장인입니다. 아내 덕에 글쓰기라는 인생 도구를 만나 조금씩 나를 알아가는 삶을 삽니다. 뿌리가 단단한 나무, 전통 방식을 고집하는 커피집, 자수성가한 사업가, 가족의 아침을 매일 준비하는 누군가 등 오랜 시간 스스로 견뎌낸 모든 존재를 좋아합니다.

김아람

이야기해도 괜찮다

여느 날의 습관처럼 SNS를 생각 없이 넘나들다가, 우연히 정지우 작가님의 글을 만났다. 빽빽하게 활자로 가득한 그 포스팅이 그날따라 왜 이렇게 콕 박혀서 마음을 찔러댔는지 모르겠다.

"글쓰기에서 가장 귀중한 경험을 하나 꼽으라면, 나는 '이야기해도 된다'는 걸 깨닫는 순간을 고르고 싶다. 도저히 다른 사람들에게 이야기해서는 안 된다고 믿었던 이야기, 차마 입 밖에 꺼낼 수 없었던 이야기, 타인에게 말하기에는 너무나 두려웠던 이야기, 내가 이야기한들 아무도 경청하지 않을 거라 믿었던 이야기, 그런 이야기를 처음 하는 순간, 인생에서 결정적인 문 하나를 열고 들어간 셈이다."

— 2022.11.19. 정지우 작가의 페이스북 글 중

가끔씩 비공개로만 일기를 끄적거리던 나에게 그 글은 참 신기했다. 나에게 글이란 밖으로 표출하지 못한 마음을 혼자 삭이는 대나무숲일 뿐이었는데, 작가님은 그게 아니고 '글을 통해 남에게 이야기해도 된다'라고 속삭이는 것 같았다.

그날 이후 작가님의 이야기를 자주 열어보았다. 한결같이 부지런하게 포스팅하는 작가님 계정을 염탐하며, 글쓰기 모임도 있다는 것을 알았다. 매일 글을 보며 나 혼자 작가님과 친숙해졌다고 생각했기에, 이분이 주관한다면 왠지 그곳에서는 문을 열고 들어가서 내 이야기를 할 수도 있을 것 같았다.

한참을 기다리던 어느 날, 온라인 글쓰기 모임 공지 포스팅이 드디어 업로드되었다. 어차피 신청해도 떨어질 가능성이 더 클 것이라 여기고, 청약 넣듯 일단 신청했다. 그런데 웬일로 당첨이 되어버린 것이다. 그 덕에 도서 산간에 사는 뼛속부터 이과생인 내가 글쓰기를 열망하는 문인들의 세계라는 신비로운 곳에 처음으로 슬며시 발을 들였다.

전국 각지의 사람 열 명이 만났다. 작가님은 세 가지 주제의 글을 써볼 것이라 했다. 우리는 매주 온라인으로 만나서

각자가 써 내려간 글을 서로 읽고 평가해 주었다. 처음엔 노트북 화면인데도 낯을 가렸고 화면을 똑바로 쳐다보기도 쉽지 않았다. 그만큼 나는 처음 보는 사람에게 마음을 보여주는 게 어려웠다. 심지어 스스로에게도 내 감정을 잘 보여주지 않은 채 살았다는 것도 그제야 알았다. 하지만 글은 생각보다 어마어마한 아이스 브레이킹 도구여서 나 같은 사람도 곧 적응하기 시작했다.

우리는 상대의 글을 자세히 들여다보면서, 점차 서로의 내면을 자연스럽게 이해했다. 나이도, 성별도, 직업도, 가치관도 달랐지만, 글쓰기를 해보고 싶다는 열망 하나는 같았다. 서로의 인생은 잘 모르지만, 글의 패턴은 점점 눈에 보였다. 글에서 보이는 서로의 삶도 흥미로웠고, 작가님에게 퇴고의 원칙과 비법을 배우는 것도 참 재미있었다.

총 10회의 모임 동안, 세 편의 글을 진하게 써보았다. 처음엔 이리저리 헤매었지만, 결국 나는 타인에게 말하기 너무나 두려웠던 내 상처를 써냈다.

그럴 수 있었던 것은 그들이 현실 세계에서 나를 모르는 사람들이라는 점이 큰 용기를 주었기 때문이다. 다른 사람들 역시 깊은 이야기를 꺼냈던 걸 보면, 마음을 연 것이 서로에게 시너지로 작용하지 않았나 싶다.

내 글을 처음 읽는 사람들의 질문과 글의 구조와 논리에 대한 의견을 받으며 퇴고라는 걸 했다. 서로의 글을 담담히 이해하고 모호한 구절에 대한 궁금증을 찾아 들어가다 보니, 결국 모든 속살을 토해 내듯 더 깊은 속내를 드러내면서도 타인에게는 친절한 글이 쓰여졌다.

퇴고란 내멋대로의 생각이 남에게 잘 읽히기 위한 과정이었다. 그 과정에서 나는 내 마음과 상처를 더 자세히 들여다보게 되었고, 타인의 질문과 평가를 통해 비로소 내 글을, 나 자신을 더 객관적으로 볼 수 있었다.

퇴고하며 몇 번이나 혼자 울었는지 모른다. 글 속의 내가 불쌍해서 울었고, 불쑥불쑥 화가 치밀어서 울었다. 더 이상 눈물이 나지 않을 때쯤 퇴고가 마무리되었고, 온 천하가 볼 수 있는 곳에 내 글을 올렸다.

그렇게 어렵사리 내 이야기를 마음 밖으로 꺼냈을 때, 세상은 뒤집히지 않았고 아무 일도 일어나지 않았다. 그 무심함을 목도한 후 나는 드디어 글 쓰는 것에, 사람들에게 내보이는 글을 쓰는 데 자유로워졌고, 과거의 내 묵은 감정들과 안전히 이별할 수 있었다.

어느덧 정지우 작가님을 포함한 나의 글벗들은 내 삶에서 제법 중요한 존재가 되었다. 마음이 맞는 글벗들과 새로운 책을 기획해 보기도 하는 현재의 나는, 이 문인들의 세계에서 앞으로도 쭉 다리 뻗고 살아가고 싶다. 작가님이 페이스북 글에서 말했던 '이야기해도 된다'는 것이 무슨 뜻인지 이제 나는 확실히 안다. 내 인생에서 이 글쓰기 모임은 마음의 문을 연 시작점이 되었다.

김아람

말 많은 제주에서 살고 있는 20년 차 말 전문 수의사입니다. 뼛속부터 이과 체질로 살다가, 글쓰기 모임을 계기로 어느새 글과 제법 친해졌습니다. 『그 일을 하고 있습니다』를 공저했습니다. 뉴스레터 《세상의 모든 문화》에서 '수상한 말수의사'를 연재 중이고, SNS에 《말 건강레터 월간 말톡》을 게시하며 글의 끈을 이어가고 있습니다. 현재 글쓰기 모임에서 만난 글벗들과 결혼 에세이 책 출간을 준비하고 있습니다.

선영

글의 세상과 만남

2023년 가을과 겨울을 글쓰기 모임을 하며 보냈다. 당시 내 목표는 브런치 작가가 되는 것뿐이었다. 그런데《세상의 모든 문화》에 연재도 해보고, 공저서를 출간하는 등 모임 전에는 생각지도 못했던 다양한 활동들을 하게 됐다.

글쓰기 모임을 신청한 동기는 물론 글을 잘 쓰고 싶어서였다. 하지만 그보다 근본적으로 인생을 잘 살기 위해서 글을 잘 쓰고 싶었다. 내게 잘 산다는 것은 나답게 행복하게 사는 것이었고, 나를 잘 알기 위한 시작점이 글쓰기라고 생각했다. 그렇게 나를 더 잘 알고 싶은 마음과 내 글을 통해 타인과 소통하고 싶은 마음으로 글쓰기를 배웠다.

사실 나는 늘 고민이 많은 사람이었다. 복잡하게 엉킨 생각의 실타래를 풀 엄두가 나지 않아 문제를 회피하고 관성에 젖어 살기도 하지만, 그럼에도 불구하고 민낯의 모습을 마주해야 했다. 빈 화면을 마주하고 앉아서, 매주 정해진 주제를 가지고 어떤 글을 써야 할까 고민하며 생각을 정리해 보는 시간을 가졌다. 나는 정말 글에 쓴 것처럼 생각하는지, 일기처럼 솔직하게 쓰되 내 글이 정지우 작가님과 함께 수업을 듣는 다른 작가님들에게 어떻게 읽힐지 생각했다. 어떻게 써야 내가 하고 싶은 말이 잘 전달될까 고민했다.

나만을 위한 글쓰기는 일기에서 그치겠지만, 내가 하고 싶은 이야기를 타인에게 잘 전하고 싶은 마음이었다. 글을 쓰고 합평을 하면서, 함께 배우는 모임원들에게 공감받고 위로받을 수 있었고, 나 또한 모임원들에게 깊이 공감할 수 있었다.

글쓰기의 힘은 연결과 공감임을 느꼈다. 이전에는 몰랐던 좋은 글을 쓰는 방법들도 배웠다. 독자들을 위해 쓰는 태도, 대조를 통해 하고자 하는 말을 명확하게 만드는 법, 나만의 글을 쓰기 위해서는 '나만의 디테일'을 담을 수 있는 '솔직함의 주파수'를 찾아야 한다는 것, 추상적으로 쓰고 구체적으로 풀어주고 다시 수렴하는 연습 등 좋은 조언을 많이 들었다.

사실 글쓰기 수업 이후에, 단박에 스스로를 글 잘 쓰는 사람이 되었다고 자신할 수는 없었다. 다만 힘이 들고 답답할 때

혹은 기쁘고 희망이 가득할 때 삶의 희로애락을 글로 쓰면서 나를 좀더 잘 들여다볼 수 있는 사람이 되었다. 또 신기하게도 내 글을 보고 연락을 준 사람들을 보면서 글을 통한 연결의 힘을 느꼈다. 이런 변화를 느끼기에 스스로를 글의 세상을 맛본 사람이라고 명명하고 싶다. 어떤 모임원은 글쓰기 모임을 '살면서 잊지 못할 순간'이라고 했다는데, 글의 세상을 알기 전과 후는 정말 다른 것 같다. 글의 세상에서 나는 나와 타인을 다양한 관점에서 천천히 알아갈 수 있었다.

이 글쓰기 모임은 나를 글의 세상에 발 들이게 해준 소중한 시간이었다.

선영
삶에 도움이 되는 서비스를 만들고 싶은 인공지능 리서치 엔지니어. 사람의 언어를 어떻게 인공지능이 이해할 수 있을지 호기심이 생겨 자연어 처리 분야에서 석사 학위를 받았고, 현재는 음성인식팀에서 일하고 있다. 『그 일을 하고 있습니다』를 공저했다. 취미로 그림을 그려서 마음을 전하는 일을 좋아한다.

보배

나를 처음 '작가'라 불러준 사람

    가벼운 마음으로 그의 글쓰기 모임을 신청했다. 결혼 준비를 해야 해서 일을 많이 줄였던 시기라 새로운 걸 배울 여력이 있을 것 같다는 생각에서였다. 하지만 나는 그의 팬이기도 했다. 꼭, 반드시, 글쓰기 멤버로 선정이 되면 좋겠다는 간절함도 있었다.

    글쓰기 모임을 신청하려면 간략한 자기소개를 적어 메일로 보내야 했는데, 글의 행간에 내가 그의 글을 좋아한다는 마음을 은은하게 풍겼다. 마치 내가 당신 글의 열렬한 팬인 걸 어떻게 해도 감출 수 없다는 듯 말이다. 이제 와 하는 말이지만, 추파처럼 느껴졌을 수도 있을 것 같다. 그가 가수 넬의 음악을 좋아한다는 걸 어디선가 읽었던가, 아니면 느낌이 그랬던가. 그와 비슷한 분위기를 가진 가수 혼네의 음악 링크를 메일 하단에 첨부했다. 아마 서투른 자기소개만으로는 그를 설득할 자신이 없었던 것도 같다.

얼마 지나지 않아 긍정적인 회답을 받았고, 글쓰기 모임원으로서 처음으로 글쓰기란 걸 배울 수 있었다. 그때까지만 해도 이렇게나 본격적으로 글쓰기를 배울 거라고는 상상도 하지 못했다. 메일 앞머리에 명시된 모임 시작 시간 '밤 9시'와 어쩐지 허여멀건한 공백이었던 마무리 시간, 그리고 말머리가 달려 있던 부가 설명("모임 시간은 보통 두 시간 내외입니다. 길어질 경우, 일찍 종료하셔야 하는 분들의 글을 먼저 다룹니다")이 우리를 자정 넘어서까지 합평의 세계로 인도할 거라고는 생각도 하지 못했다.

실제 모임은 부가 설명의 '보통'과 '길어질 경우'가 뒤바뀐 형태에 가깝게 진행됐다. "모임 시간은 길어집니다. 보통 일찍 종료하셔야 하는 분들의 글을 먼저 다루겠습니다." 그러니까 이 설명은 "모임은 대체로 두 시간을 훌쩍 넘기니, 바쁘신 분은 미리 말하면 일찍 보내주겠다!" 정도로 수정이 되어야 하지 않았을까.

모임이 네 시간 넘게 이어지고, 모두의 합평이 원없이 진심을 전달한 깊은 밤, 그는 한결같이 나긋한 어조로 "이제 마무리할까요?"라고 말했다. 선생님만큼이나 모임원들은 안광이 번쩍거렸다. 야밤에 졸리지도 않은지 반짝이는 눈빛으로 선생님에게, 또 서로에게 감사 인사를 전했다.

그렇게 시작된 모임이 2025년 현재에도 진행 중이다. 더 이상 그는 선생님으로서 우리 모임에 참여하지 않지만, 그때의 제자들끼리 주기적으로 모여 글을 쓰고 합평하며 쓰기 생활을 지속하고 있다. '대비를 활용하기, 처음과 마지막의 주제를 맞춰보기, 나열은 세 개로' 등 4년 전 수업에서 배웠던 내용을 여전히 떠올리며 말이다.

그사이 나는 결혼식을 올렸고, 신혼 생활을 즐기다 첫째 아이를 낳았다. 그 아이가 벌써 두 살이 되었고 배 속에는 둘째가 있다. 글쓰기를 시작한 덕분에 내 인생에서 가장 기록해두고 싶은 시기의 많은 이야기를 글로 남길 수 있었다. 덕분에 나의 첫 단독 저서에는 나의 과거와 현재의 색감이 고스란히 담겼다. 우연히 본 글쓰기 모임의 모집 공고가 아니었다면, 나와 함께 글을 써준 느슨한 듯 촘촘한 인연들과 기록으로 남길 수 있었던 소중한 순간들까지 모든 게 존재하지 않거나 휘발되어 버렸을 수도 있겠다. 정지우 작가의 글쓰기 수업을 듣게 된 건 어쩌면 나의 인생에서 가장 잘한 선택이자 행운이 아니었을까 싶다.

그렇게 나는 '그의 작가'가 되었다. 명실공히 그가 만들어낸 작가였다. 내게 글쓰기 선생님이라고는 정지우 한 사람뿐이었다. 그의 글쓰기 수업을 통해 난생처음 합평을 받고, 그와 함께 공저를 출간하고, 그가 운영하는 뉴스레터의 필진이 되었다. 뉴스레터에서 주기적으로 발행하던 글은 어느새 첫 단독 저서로 묶였다. 나는 어느새 꿈에 그리던 '작가'가 되어 있었다. 나를 평생 처음으로 '작가'라고 명명해 준 사람도 그였다.

보배

아기 엄마이자 작가, 그리고 국어 강사입니다. 매 순간 정체성이 달라지는 삶을 살고 있습니다. 지금은 아기 엄마의 비중이 가장 큰 존재로 지내고 있습니다. 20대의 중후반부터 가장 사랑했던 것들에 대해 쓴 『우리의 심장이 함께 춤을 출 때』라는 저서가 있습니다. 공저 『세상의 모든 청년』 『나의 시간을 안아주고 싶어서』를 정지우 작가와 함께 썼습니다. 뉴스레터 《세상의 모든 문화》에서 〈육아에 바나나〉를 연재하고 있습니다.

황진영

쓰기, 고쳐 쓰기, 함께 쓰기

내가 쓴 글은 늘 마음에 들지 않았다. 수필을 한 편씩 써내야 했던 고등학교 작문 시간, 선생님은 수업마다 한 편을 골라 교탁에서 낭독할 기회를 주었다. 이름이 불리는 사람은 늘 따로 있었고, 내 이름이 불린 건 졸업할 때까지 단 한 번뿐이었다. 그럼에도 나는 글을 잘 쓸 것 같은 이미지에 갇혀 있었다. 국문학을 전공했기에 직장에서 써야 하는 보고서나 보도자료는 당연히 내게 떨어졌지만, 내가 쓴 글을 읽은 사람들은 "그래서 하고 싶은 말이 뭐야?"라고 물었다. 글쓰기는 내게 어렵고 피하고 싶은 영역이었다.

해외에 나와 사는 사람들은 자기 이야기를 쓰자면 책 열 권으로도 모자란다며 이런저런 고생담을 늘어놓기 마련이다. 취미 삼아 시작했던 블로그에서 친했던 블로그 이웃들이 책을 내는 걸 보며 언젠가는 나도 해보고 싶다는 생각을 하긴 했지만, 책을 내려면 글을 써야 했고 내 글은 어디 내놓기엔 부끄러웠다. 정지우 작가가 온라인으로 글쓰기 모임을 모집한다는 소식을 듣고 지원 메일을 보내며, 나는 글을 잘 쓸 것 같다는 주변의 기대와 실제 내 글 사이의 간격을 메우고 싶다고 적었다.

"혼자 골방에서 쓰는 글쓰기에서 벗어나자"라는 모토로 운영된 이 모임에서는 여러 글쓰기의 기술을 배웠다. 글을 맛깔나게 만드는 대조, '보여주기'와 '설명하기'의 균형 잡기, 거리두기의 법칙, 솔직함의 레벨 조정, 쓰고 싶은 말을 충실히 다했는지 살펴보는 과정 등 몇 개월에 걸쳐 '정지우식 글쓰기'의 핵심을 내 글에 조금씩 녹여냈다. 그가 강조했던 글쓰기 스킬은 그만의 비법이라기보다는 초보 작가 지망생이 꾸준히 연습해 볼 수 있는 기본기들이었다.

모임에서는 글의 완성도를 높이기보다 글 쓰는 과정을 더 중요하게 여겼고, 매번 진심을 다하는 방법을 알려주었다. 체육 시간에 점수를 받기 위해 억지로 해야 했던 기능적 운동이 아니라, 진짜 건강을 위한 운동을 시작한 기분이었다. 아직도 현역으로 뛰고 있는 10년 차 선배에게 원 포인트 레슨을 받는 느낌이랄까.

콘서트에서 앙코르를 외치듯 모임 시간 연장을 부르짖으며 글쓰기 모임에 참여했다. 많은 것을 배웠지만 이 모임을 통해 얻은 것 중 하나만 꼽으라면 다시 써보는 일의 힘을 온전히 믿게 되었다는 점이다. 학교나 직장에서는 제출 전까지만 열심히 쓰고, 그 이후엔 더는 들여다보지 않는 글이 많았다.

그러나 이 모임에서는 쓴 글을 다시 읽어 보고, 고쳐 써보고, 함께 들여다보는 일이 자연스러웠다. '지구상에서 우리의 글을 가장 열심히 읽을 사람'이 내가 흠모하던 작가였으니, 글을 고쳐 쓸 동기는 넘쳐흘렀다. 같은 마음으로 모인 사람들 역시 서로의 글을 정성스럽게 읽었다. 우리의 목표는 우리의 글을 더 낫게 만드는 것이었고, 그렇게 고쳐 쓴 글은 정말로 초고보다 나았다.

나는 어느새 '퇴고 요정'이라는 별명을 얻었다. 나의 퇴고 전후 글은 이후 모임에서 고쳐 쓰기의 사례로 언급되기도 했다. 모임에서는 모든 사람이 차례로 모든 글에 피드백을 주고, 글을 쓴 사람은 그 피드백을 들은 뒤 '항변'할 기회를 가진다. 그 과정에서 내 의도와 다르게 읽힌 부분을 함께 고민하고, 잘 읽히기 위한 아이디어를 제시하며 실제로 글을 고쳐 쓴다. 적확한 의미를 전달하기 위해 단어를 바꾸고, 욕심내어 넣었던 정보를 걷어내고, 안드로메다로 가버린 주제를 다시 찾아오는 과정을 반복했다. 내 글과 직면하는 것이 힘들었을 뿐, 고칠수록 나아지는 글을 보며 역시 헤밍웨이는 천재였구나 싶었다. "모든 초고는 쓰레기다"라는 그의 다소 거친 말은, 고쳐 쓸 준비가 된 사람만이 글을 계속 쓸 수 있다는 뜻이 아니었을까? 글을 고친다는 건 단지 문장을 다듬는 일이 아니라, 나 자신이 '쓰는 사람'에 조금 더 가까워진다는 뜻이기도 했다.

어느덧 글쓰기 모임에 참여한 지 4년이 지났다. 여전히 내 글이 완벽히 마음에 들지는 않지만, 이제는 글쓰기가 예전처럼 두렵지만은 않다. 한편 쓰는 것뿐 아니라 읽는 과정도 즐기게 되었다. 예전의 글쓰기가 대부분 누군가 나에게 부여한 과제였다면, 지금은 나를 위해 쓰는 글이 되었다.

처음엔 내가 쓴 문장을 읽는 것조차 민망했지만, 이제는 문장을 다듬으며 내 감정과 생각을 찬찬히 들여다볼 수 있다. 그리고 같은 마음으로 다른 사람의 글을 읽는다. '아, 이런 마음으로 썼겠구나' '여기까지 쓰는 데 힘들었겠다' '이 문장은 용기 내어 썼네' '자기검열을 넘었구나' '어, 잘나가다가 마무리가 왜 이렇지? 급했나?' 같은 생각을 하며 읽다 보면, 예전보다 책도 더 많이, 더 깊이 읽게 된다. 쓰고 읽는 일은 어느 순간부터 결과물을 위한 수단이 아니라, 나와 타인을 이해하기 위한 도구가 되었다.

두려움을 넘어서고 나니, 글쓰기는 삶의 즐거움을 주는 영역이자 나를 설명하는 정체성 중 하나가 되었다. 예전 같으면 생각으로만 머물거나, 대강 써서 SNS에만 올렸을 글들을 이제는 조금 더 다듬어 누군가에게 보여주고 싶어졌고, 그 마음은 점점 커져 내 글이 실릴 수 있는 곳을 찾아다닌다. 글쓰기 모임이 끝난 후, 모임에서 썼던 글을 다듬어 정지우 작가가 자신의 페이스북 계정에 올린 적이 있다. 그는 모임원들의 글을 공유하며 말미에 좋은 글이 더 많은 사람에게 읽혔으면 하는 아까운 마음이 들었다는 멘트를 덧붙였다. 나의 작가가 내 글을 이렇게나 아까워해 주는데, 더 좋은 글을 쓰기 위해 서른 번도, 마흔 번도 퇴고할 수 있었다.

그 마음이 글을 더 멀리 보내는 힘이 되었다. 공모전에 도전했고, 초고를 가지고 다른 이들과 함께 머리를 맞댔다. 그렇게 글을 나누는 일이 반복되며 누군가는 연재 제안을 받고, 누군가는 책을 냈다. 나 역시 뉴스레터에 글을 꾸준히 연재하고 있고, 두 권의 공저에 함께했다.

이제는 '정지우 크루'로서 주어진 기회를 넘어 다른 사람들에게도 글 요청을 받곤 한다. 같은 커리어를 가진 사람들과 함께한 세 번째 공저 『퇴사하면 큰일 날 줄 알았지』는 지난여름 출간되었다. 시민 기자나 칼럼니스트로서 기고 요청을 받기도 한다. 물론 연재하다 '잘리는' 일도 있다. 그 또한 내가 '쓰는 사람'으로 살아가고 있다는 증거가 아닐까?

모임이 지속되며 시기와 질투를 느꼈던 것도 사실이다. '내 글이 저 글보다 낫지 않나?' 싶을 법도 하지만, 신기하게도 그런 감정이 모임의 분위기를 흐린 적은 없었다. 적어도 이 모임에서는, 합평 과정에서 누군가를 저격하거나 우월감을 드러내는 사람도 없었다. 모임에 참여한 사람들이 좋은 사람이어서라기보다는 모임의 분위기 자체가 그랬다.

모임 안에서 우리 모두는 '내 글'을 '우리의 글'로 여겼고, 서로를 글쓰기 여정을 함께하는 동료로 여겼다. 공모전 정보를 공유했고, 같은 공모전에 여러 명이 함께 응모한 적도 있었다. 그때 정지우 작가는 말했다. "우리 다 같이 내봅시다. 누구든 받으면 되죠." 그 한마디는 우리 안에 도사리고 있을 법한 치졸한 감정마저도 단단한 연대의 마음으로 바꾸어주었고, 누군가가 상을 받으면 모두가 진심으로 기뻐하게 만들었다.

함께 글을 쓰던 사람들이 하나둘 단독 저서를 출간하고 있는 지금, 전혀 부럽지 않다고 한다면 그건 거짓말이다. 다만, 나도 꾸준히 쓰면, 내 글도 준비가 되면, 언젠가는 책으로 묶여 나올 수 있겠지, 하는 마음을 먹으면 부러움은 질투가 되기 전에 사그라들고 만다. 오히려 글쓰기 모임은 그렇게 먼저 걸어간 이들의 생생한 경험을 나눌 수 있는 공간이자, 함께 걷는 사람들의 이야기가 쌓여가는 자리다. 편집자와 어떤 얘기를 하는지, 글이 안 써질 땐 어떻게 하는지, 북토크를 할 땐 어떤 느낌이었는지를 나눌 수 있는 동료를 얻은 셈이다.

책이 나오고, 기고 글을 공유할 때마다 이런 얘기를 듣기도 한다. "글을 써서 책이 나오면 떼돈을 버냐?" "회사 그만두고 작가가 될 셈이냐?"라고. 그렇지는 않다. 다만, '일하는 나'와 '글 쓰는 나'는 서로를 돕는다. 일하는 나의 눈으로 세상을 바라보는 시선이 글의 주제가 되고, 글로 정리한 생각이 일의 태도를 바꾼다. 상사와 동료 때문에 쪼그라들었던 자존감이 글에 대한 칭찬 한마디로 펴지기도 한다. 글이 안 써져 속상할 땐, 본업이 글쓰기의 부담을 줄여준다.

정지우 작가가 "모든 글을 마스터피스로 만들 수는 없지만, 계속 쓰다 보면 더 좋은 글을 쓸 가능성은 높아질 수밖에 없다"라고 했던 말이 자꾸 떠오른다. 앞으로 써야 할 50,000편의 글 중 단 10편만 정말 좋은 글이 된다 해도, 그것만으로도 충분히 의미 있는 삶 아닐까? 더 좋은 글을 쓰기 위해, 쓰고, 고쳐 쓰고, 함께 써나가려는 마음이 지금도 자라고 있으니.

이 글을 읽는 당신도, 언젠가는 그 '우리'가 되기를.

황진영
미국 워싱턴D.C.의 국제기구에서 프로그램 코디네이터로 일하고 있습니다. 더 많은 '우리'를 발견하고 싶은 마음을 담아 공저 『세상의 모든 청년』 『나의 시간을 안아주고 싶어서』 『퇴사하면 큰일 날 줄 알았지』를 썼습니다.

전지은

글 쓰러 갔다가 연구까지 해버린 기록

 나는 심리학을 전공했다. 에세이 쓰기를 배우러 모임에 갔는데, 시간이 지날수록 막연하게 '좋다'를 넘어선 치유의 감정이 찾아왔다. 도대체 이 감정은 무엇일까? 여러 번 곱씹어봐도 쓰는 법을 배우는 것 이상의 심리적 효과가 분명히 있었다. 뾰족하게 정리되지 않던 그 감정의 정체가 궁금해져 전공 책을 들여다보게 되었고, 결국 '글쓰기 실험 연구'라는 주제로 논문까지 썼다. 지금부터 시작하는 이야기는 글쓰기 모임에서 마주했던 치유의 순간들에 대한 기록이다.

 집단 상담은 비슷한 관심사나 문제, 목표를 가진 이들과 집단의 리더가 함께 모여 상호작용을 통해 문제를 해결할 뿐만 아니라 자신과 타인을 이해하고 성장하는 상담의 한 형태다.

"이곳은 상담실을 제외하고 유일하게 안전하게 느껴지는 공간이에요." 모임을 시작하고 두 달 정도 지났을 무렵 내가 꺼낸 말이다. 나는 상담사이지만 내담자로서도 상담실에 간다. 상담실에서는 가족사, 이별, 스트레스, 트라우마적인 기억까지 타인에게 쉽사리 꺼낼 수 없는 이야기가 흘러나온다. 그 배경엔 '안전함'이라는 전제가 깔려 있는 덕이다.

그런데 글쓰기 모임에서 상담소에서나 들을 법한 이야기들을 마주치는 점이 흥미로웠다. 또한 소설에 나올 법한 이야기를 에세이라는 통로로 만났다. 하지만 그 누구의 눈에도 편견은 없었고 따뜻한 피드백이 따랐다. 때로는 글에 담긴 감정에 너도나도 비슷한 기분을 느꼈다고 공감했고, 자기를 열어 보이기도 했다. 글을 나누고 나면 수치심 대신 안정감이 따랐다.

안전한 공간에서는 더 솔직해도 괜찮았다. 누가 먼저랄 것도 없이 쉽사리 꺼내지 못한 고통스러운 기억들을 폭포수처럼 글로 쏟아냈다. 당시 나는 아빠가 암에 걸려 힘든 나날을 보내고 있었는데, 아빠와의 추억을 공유하며 눈물을 뚝뚝 흘리기도 했다. 정신을 차려보니 몇 명은 이미 눈물을 훔치고 있었고, 누군가는 떨어져 있지만 꼭 안아주고 싶다는 위로를 건네기도 했다. 그렇게, 밤 9시에 시작한 글쓰기 모임은 새벽 1~2시까지 뜨겁게 무르익었다.

과거의 나와 너를 만나 서로 안아주는 시간이 쌓여갈수록, 나는 그곳이 글쓰기 모임이 아니라 여럿이 모여 치유하는 집단 상담과 비슷하다는 느낌이 들었다.

집단 상담은 비슷한 고민이나 아픔을 가진 사람들이 모여 숨겨둔 이야기를 솔직하게 꺼내고 타인의 이야기를 들으며 치유하는 시간이다. 과거의 기억에 대해 거리를 두어 말하고, 듣고, 공감하는 과정에서 혼자 쌓아둔 내밀한 경험을 나만 겪지는 않았다는 보편성을 깨닫고 타인의 수용을 경험한다. 그뿐만 아니라 지금 여기에 있는 이들이 과거의 나에게 토닥이며 위로를 건네기도 하고, 과거의 나와 화해하고 과거에서 한 발짝 벗어날 수 있도록 손을 잡아주기도 한다. 그 과정에서 끈끈한 연대감도 느낄 수도 있다.

상담 전공자인 내 눈엔 글쓰기 모임은 분명 치유의 공간이었다. 이 모임에서도 집단이 집단 구성원들에게 심리적으로 의미 있는 특성을 지니는 유의성과 집단 구성원들 사이에 공유된 정체감, 집단 구성원들이 구분된 전체에 속해 있다고 생각해야만 느끼는 '우리(We-ness)'라는 느낌의 유의한 상호작용이 일어났다. 감히 꺼내기 어려운 기억을 글이라는 안전한 통로를 활용해 꺼냈고, 과거의 나와 너를 만나 서로 안아주는 시간을 쌓아갔다.

글쓰기 모임을 '집단'이라고 표현한 데에는 한 가지 이유가 더 있다. 집단 상담에는 중심을 잡아주는 전문가 리더가 존재하는데, 바로 그 역할을 정지우 작가가 맡고 있었기 때문이다. 그는 글쓰기만 가르치는 사람이 아니었다. 제출했던 글의 첫 문장부터 마지막 마침표가 찍힐 때까지 단어 하나, 문장 한 줄에 담긴 개인의 독특한 개성과 장점을 알려주었고, 보완해야 할 부분은 세심하게 짚어주었다. 한 명 한 명의 글을 어디에도 치우치지 않는 중립적인 시선으로 바라보고 도움이 되는 것을 찾아 알려주는 그의 역할은 집단 상담의 전문가와 비슷했다. 숨겨둔 이야기를 솔직하게 꺼냈을 때 오히려 더 좋았다고 말하는 그의 이야기를 들으며 쓰고 싶은 이야기는 점점 늘어갔다. 그렇게 효능감도 얻고 글쓰기 실력도 조금씩 늘었다.

지금으로부터 4년 전, 늦은 밤의 글쓰기 모임이 지금의 나로 이끌어준 것 같다. 오늘 밤에도 책상 앞에 앉아 글을 쓰고 있다. 글을 쓰는 이 순간, 나는 이미 과거로 여행을 다녀온 것만 같다. 어제의 나와 오늘의 나를 연결해 주는 글은 미래의 언젠가, 오늘의 이 순간으로 데려다줄 것이다.

전지은
직장인 스트레스와 회복에 관심 많은 심리학자이자 회사원입니다. 『세상의 모든 청년』을 공저했고, 《세상의 모든 문화》 필진으로 있습니다.

이지안

글쓰기라는 상담 세션

 글쓰기 수업이 끝난 날에는 남편에게 미주알고주알 털어놓기 바빴다. 마치 수년 전 상담을 받을 때, 상담실을 나오면서 누군가에게 새로 발견한 나에 대해 들려주고 싶어 안달나 했던, 그때로 돌아간 듯했다.
 유럽부터 아프리카까지 사는 곳도 다양하고 직업이나 성별까지 모두 다른 이들이 글 쓰는 사람이라는 공통점으로 모였다. 우리는 온라인으로 일곱 번 만나 글을 쓰고 부지런히 서로의 글을 읽었다. 저녁 8시에 시작한 모임은 밤 12시를 훌쩍 넘기기도 했다.
 작가님은 우리에게 글을 쓰는 이유나 좋은 에세이의 요건에 대해 들려주곤 했는데, 어떨 때는 훌륭한 인생 강의나 설교 같기도 했다. 그중 하나는 우리가 글에 싣는 정서는 지하수와 같아서 깊이 내려가다 보면 모든 사람이 통한다는 이야기였다. 내 이야기를 깊이 써 내려가서 도달할 수 있는 그 심연의 물줄기는 취향도 배경도 다른 타인의 중심에 있는 정서와 맞닿을 수밖에 없고, 그것이 서로 공감하게 만든다는 것이었다.

상담에서 "내담자는 항상 옳다"라는 금언이 있다. 내담자가 맥락에 맞지 않게 불쑥 화를 내거나 상식에 벗어난 행동을 할 때는 그 모습을 당장은 이해하기 어렵다. 하지만 그 이면의 외로움, 소외감 같은 정서, 그리고 관심 받고 싶다거나 마음 터놓을 사람이 있으면 좋겠다는 욕구를 발견하는 순간, 그에게 깊이 공감할 수밖에 없다. 안전, 성취, 소속감, 인정받고 싶은 마음 등의 욕구가 모든 사람에게 보편적으로 존재하기 때문이다.

글을 통해서도 누군가와 깊이 연결될 수 있다는 사실이, 그리고 그 이유가 감동적으로 다가왔다. 사실 내 깊은 마음을 꺼내놓는 것은 늘 두려운 일이다. 나의 취약하고 구저분한 모습까지 무방비로 노출하는 일이기 때문이다. 게다가 뱉으면 사라지는 말도 아니고 활자로 박제되어 버린다는 점도 더욱 글을 쓰기 두렵게 만든다.

하지만 그 두려움을 딛고 내 이야기를 글로 흘려보냈을 때 누군가는 오래 묻어둔 이야기를 꺼낼 용기를 얻고 어떤 사람은 미처 언어화하지 못한 자기 마음을 이해받은 듯 위로를 얻는다. 내가 망설이다 쓴 유년 시절 이야기에 모임원들은 비슷한 상처를 꺼내주었고, 누군가가 글로 써준 깊은 외로움에 나 역시 언젠가 지독히 쓸쓸했던 시절이 떠오르기도 했다.

글은 쓴 사람을 잘 드러내고 있었다. 그의 욕구, 사람들과 관계 맺는 방식, 방어기제가 모두 글에 들어가 있었다. 작가님은 술술 읽히는 글에서도 머뭇거리는 우리의 태도를 날카롭게 잡아냈다. 그런 행동을 한 그 이면의 감정을 쓸 것을 주문했고, 황급히 끝맺은 결론은 좀더 구체적으로 짚어보라고 조언했다. 어려운 감정을 만날 때 나오는 행동, 그것이 문제를 피해 버리는 태도라든지 상황을 희화화하려는 시도, 진짜 감정이 아닌 겉에서 부유하는 기분에 시선을 두는 모습을 지적해 냈다. 마치 오래 우리를 만나온 분석가처럼 말이다.

나 역시 내 감정을 너무 드러내지 않는다거나 과도하게 의미화를 시도하는 것 등 평소 사람들과 관계 맺을 때의 태도가 글에서 나타났다. 우리는 속수무책으로 오래된 우울감, 수치심, 회의감을 만날 수밖에 없었다. 사실 그것을 위해 그 글을 쓴 터였다.

글쓰기 수업이 끝났는데 상담 세션을 마친 것 같았다. 트

렌드, 브랜딩, 재테크와 같은 시끄러운 이야기로 가득한 세상에서 마음속 깊이 묻어둔 자기 이야기를 꺼내고 또 비춰주던, 고요한 우물가와 같던 시간이 저물었다. 일상을 단단하게 채워주던 무언가가 없어져버린 듯 허전한 마음까지 들었다.

  모임은 끝났지만 다행인 것은 나의 이야기를 꺼내놓을 용기가 생겼다는 점이다. 그리고 가장 중요하게는 함께 글을 써 나갈 스승과 동지를 얻었다. 이들 곁에 머무는 한 계속 글을 쓰고 싶어질 것 같다. 작가님의 말대로 스스로를 왜곡하거나 과장하거나 은폐하거나 자기를 방어하거나 포장하려 하지 않고, 온전히 스스로를 마주하는 좋은 글을 계속 쓰고 싶다.

이지안

임상심리전문가. 심리학 관련 연구소에서 일하며 상담을 합니다. 『감정 글쓰기』 『성격 좋다는 말에 가려진 것들』을 출간했고, 『나를 돌보는 다정한 시간』 『나의 시간을 안아주고 싶어서』를 공저했습니다.

김재용

내 글이 어려웠던 이유

 나는 지금부터 10년 동안의 노동을 끝으로 은퇴를 계획하고 있다. 사실 은퇴는 과정일 뿐이고, 내 삶을 미래에 의탁하지 않고 현재를 온전히 살아가는 것이 목적이다. 고등학교 때까지의 삶은 대학교를 가기 위한 것이었고, 휴학 기간까지 합쳐 7년 동안의 대학생 삶은 좋은 직장을 얻기 위한 것이었으며, 직장인으로서의 내 삶은 사회가 만들어놓은 안락한 가정이라는 이상향을 좇는 것이었다. 이렇듯 현재를 살지 못했고 미래에 내 행복을 의탁하며 살아왔다. 또 살아내고 있다.
 그런 내게 최근의 10주는 인생의 전환점이 되었다. 10주는 길다면 긴 시간일지도 모르지만, 10년 뒤의 삶을 혁신적으로 바꾸기에는 짧은 시간이기도 하다. 그런데도 내게 충만한 확신을 가져다줄 만큼 그 믿음의 밀도가 단단했다. 그 10주의 정체는 정지우 작가의 글쓰기 모임이었다. 그는 매일 쓰는 사람으로 살아간다. 그가 현재의 아름다움을 놓치지 않고 매 순간을 쓰면서 정성스레 살아가는 것을 보고, 나도 현재를 살기 위해 무작정 쓰는 사람이 되기로 했다.

현재를 온전히 살아가려면 내가 가지는 감정과 생각에 대해 더 진솔하게 쓸 수 있어야 했다. 나는 사회복지사로서 사회 변화를 열망하며 행동하는 과정에서 느끼는 편견과 그 누구도 내게 강요하지 않는데도 내 행동을 통제하며 생기는 고통의 순간, 스스로를 향해서 던진 채찍질 끝에 사회 변화를 이끌어간다는 이상에 대해 쓰기 시작했다. 나는 사회 변화를 위해 움직이는 사람이 되고 싶었다. 동시에 내가 바라는 사회를 글로 전달함으로써 사람들이 움직이게끔 하는 사람이 되기를 소망했다.

정지우 작가는 모임 중 말했다. "글쓰기란 독자들과 나누는 일종의 대화입니다. 대화하면서 말하는 사람만 있고, 들어주는 사람이 없으면 대화가 성립하지 않습니다." 단순히 글을 쓰는 사람은 혼자서도 될 수 있다. 하지만 내 이야기를 듣고 공감하며 소통하는 사람들이 없다면, 10년 뒤 은퇴하고 나서 글쓰기를 지속할 수 없을지도 모른다. 물론 내 글을 읽는 사람들이 없다고 해도, 글쓰기를 하는 과정에서 생각이 정리되고 스스로를 치유하는 힘이 생긴다. 하지만 내가 사회 변화를 목적으로 하는 글쓰기를 하는 이상, 읽는 사람이 없다면 이 대화를 지속할 수 없겠다고 판단했다. 즉, 내가 쓰는 사람으로 지속 가능하려면, 내 글을 읽으며 자그마한 변화를 함께 꿈꿀 사람이 필요했다.

글쓰기 모임 이전에 내 글을 읽은 독자는 일상을 다시 생각해 보게 되었다며 공감하기도 했지만, 대체적으로 이해하기 어렵다는 부정적인 평가가 많았다. 나는 그 이유가 평소 읽는 책 때문이라고 생각했다. 『정의란 무엇인가』 『사피엔스』 『위어드』 등을 읽고 바람직한 사회는 응당 이래야 한다는 사회복지사의 필터를 통해 세상에 대해 이야기했다. 독자는 생각지 않은 일방적인 외침만이 가득했다.

하지만 정지우 작가와 글쓰기 모임을 하면서 알았다. 내 글이 어려웠던 이유는 읽는 사람을 배려하지 않았기 때문이었다. 내 글에 비해 그의 글은 쉽게 읽힌다. 그는 사회에 대한 통찰을 담대하게 제시하면서도 읽는 사람이 이해하기 쉽게 쓴다. 그와 내 글의 가장 큰 차이점 중 하나는 상세한 설명이었다. 나는 경험을 풀어놓을 때도, 다른 사람들도 당연히 나처럼 생각할 것이라고 가정했다. 그러다 보니 읽는 사람들은 마치 1부터 10까지의 과정 중에서 1, 5, 7, 10으로 띄엄띄엄 제시한 정보만을 가지고 비어 있는 내용을 유추해야 했다. 읽는 사람은 생각지 않고 정보를 누락한 채 내가 하고 싶은 이야기만 골라 썼던 것이다.

또 한 가지 차이점은 '디테일'이다. 전후 상황을 상세하게 묘사해서 읽는 사람들에게 필요한 정보를 전달하는 연습을 했다. 이야기가 서술될 필요가 있는 부분은 상황에 대한 묘사를 세부적으로 했고, 논리에 대한 이야기라면 주장에 대해 근거의 원인과 결과를 제시했다. 친구라도 등장하면, 그에 대해 정보를 전달해서 읽는 사람이 쉽게 상황을 파악할 수 있도록 글을 썼다. 콘텐츠를 빠르게 소비하는 현대 사회에서는 글을 완독하는 사람이 많지 않기에 독자들이 이탈하지 않도록 친절할 필요가 있었다.

마지막으로 '직관성'에서도 차이가 났다. 그의 글은 이야기하고자 하는 바가 명확해서, 글을 읽는 동시에 그의 생각을 마치 내 뇌로 직접 배달받는 느낌이다. 그러나 글쓰기 모임 이전의 내 글에는 내 속에서도 미처 정리되지 않은 개념이 마구 혼재되어 있다.

예를 들어, 장애에 대한 예측 불가능성은 공포를 유발하는데, 이는 내가 장애에 익숙하지 않기 때문이라는 논리로 썼던 글이 있다. 그런데 예측 가능성과 익숙함은 엄밀히 따지면 다른 개념이다. 우리가 어떤 것을 예측을 할 수 있다고 해서 익숙한 것은 아니지 않은가. 그런데 나는 그 두 개념을 혼용했고, 그로써 독자에게 혼란을 주었다.

그런 탓에 글쓰기 모임에 함께 했던 사람들은 몇 번이고 내 글을 다시 읽어야 했다. 그래도 다행인 점은 모임원들은 서로의 글을 읽고 글이 발전할 수 있도록 도와야 했기에, 내 글을 끝까지 읽어주었다는 점이다. 하지만 블로그 같은 곳의 불특정 다수가 독자라면 상황이 다르다. 내가 이야기하고 싶은 것을 직관적으로, 나아가 개념을 혼용하지 않고서 하나의 이야기로 마치는 연습이 필요했다.

그는 내 글쓰기의 목적이 사회 변화임을 알고 있었다. 그래서 글을 읽는 이들의 마음과 행동을 움직이는 방법을 알려줬다. 내 삶의 일부분을 글에 녹여내는 것이었다. 내 글이 읽는 사람들에게 공감을 이끌어내지 못했던 결정적인 이유는 '우리 사회는 응당 이래야 한다'는 식의 이상적인 사회에 대한 주장만 있기 때문이다. 읽는 이들은 공감하기보다 내 글을 속 빈 껍데기라고 느꼈을지도 모르겠다. 내가 왜 사회 변화에 대한 생각을 가지게 되었는지, 그 계기와 관련한 일상의 작은 순간들을 쓰면 읽는 사람들이 크게 공감할 것이라고 했다. 그는 글에서 내 삶을 진실되게 드러내라고 조언했다.

실제로 변화가 필요하다고 느꼈던 순간을 쓰기 시작하니, 나와 비슷한 경험을 가진 사람들이 공감하기 시작했다. '이렇게 변화해야 한다'라고 쓰지 않아도, 내가 사회 속에서 살아가며 겪는 변화의 필요성은 다른 사람들도 똑같이 느꼈다. 경험에 대한 내 해석이 내 글을 읽는 사람들로 하여금 공감하게 했다. 삶에 솔직하고 개인적인 경험에 대해 쓸수록 사회 변화에 공감하도록 하는 글이 되었다. 이제야 사회 변화에 대해 쓰는 사람으로 살 수 있게 된 것이다.

지금 와서 글쓰기 모임 이전의 나를 돌아보면, 단순히 말 많고 젠체하는 꼬마에 지나지 않았던 것 같다. 초등학교 방학 숙제로 썼던 일기 외에는 내 이야기를 글로 써본 적도 없었다. 대학교에서 리포트를 써서 좋은 점수를 받거나 글 공모전에서 상을 받았던 경우는 있었지만, 사람들이 공감하는 글쓰기와는 거리가 멀었다. 글쓰기 모임 이전에 썼던 글들은 내 감정과 세부 상황이 드러나지 않았고, 단순히 지식을 나열하거나 논리가 맞지 않는 글이 많았다.

인문학이나 철학, 사회복지에 익숙지 않은 사람들에게는 당연히 난해하고 어렵게 느껴질 수 있었을 테다. 심지어 읽는 사람들에게 불친절했으니 더 읽기 어려웠을 것이다. 글쓰기 모임 이전에는 내 글을 읽는 사람들이 많지 않았다. 내가 네이버 블로그나 브런치에 발행한 글은 보통 20명 정도의 사람들이 읽었다. 그 20명에는 쓰는 사람으로서의 나를 응원하는 친구도 포함된다. 조회수도 적었지만, 내 글의 목적을 생각해 보면 조회수보다 중요한 것은 내 글을 읽고 공감하며 함께 움직이는 사람이 얼마나 되는가였다. 내 글에 대한 공감과 자신의 경험을 기반으로 남겨주는 댓글은 내가 사회 변화에 대한 글쓰기를 지속하는 동력이 됐다. 따라서 기대보다 적은 공감이 가혹하게만 느껴졌다.

하지만 이제는 내 글에 공감해 주는 사람이 점점 늘어나고 있다. 추상적인 느낌뿐 아니라, 공감이나 댓글, 구독자 수 등 수치로 드러난다. 전자책을 내보거나 다른 플랫폼에서 창작자로 활동해 보면 어떻겠냐는 제안과 서면 인터뷰 요청도 받는다. 다른 글쓰기 모임에는 참여해 본 적 없었지만, 정지우 작가와의 글쓰기 모임 10주는 내게 특별한 기회이자 내 삶을 송두리째 바꾼 귀한 시간이었다. 이 시간 덕분에 사회 변화를 쓰는 사람으로서 현재와 은퇴하고 나서의 미래를 그릴 수 있게 되었다.

김재용

기업 사회공헌 담당자로 일하고 지역 단위 사회보장 계획을 수립한 경험을 『그 일을 하고 있습니다』라는 공저에 썼습니다. 사회 문제라고 여겨지는 특수성을 누구나 겪을 수 있는 일반성으로 확장하며 단절보다 연결의 소중함을 나누고 싶습니다. 현재 '움직이는 사람, 움직이게 하는 사람'이라는 사회복지사로서의 정체성을 글로 쓰고 있습니다.

벤자민

유려함보다 중요한 두 가지

"작가님처럼 유려하게 글을 쓰고 싶어요."

2024년 가을, 글쓰기 모임 지원서에 이렇게 썼다. 그런데 모임에서 나는 그보다 더 중요한 걸 배웠다. 첫째는 독자를 위하는 마음으로 쓰는 법, 둘째는 정지우 작가가 글 쓰는 이를 응원하는 진심이다.

글쓰기 모임에 참여하기 전, 솔직히 나는 글쓰기를 제법 잘한다고 자신하고 있었다. 하지만 알고 보니 여태 했던 글쓰기에는 '독자'라는 존재가 빠져 있었다. 앙꼬 없는 찐빵, 초코 없는 초코칩이었다. 내가 글쓴이요, 내가 읽는 이였다. 그럴 법도 했던 게, 내겐 독자라는 존재가 없었다. 주로 일기나 생각 정리를 썼다. 그나마 용기 내어 SNS에 공개한 글도 어디에 닿는지도 모르게 먼지처럼 흩어져 사라졌다. 차라리 혼자 소중히 간직하고 있을걸 후회도 많이 했다. 누군지도 모를 사람의 시선에만 신경 쓴 나머지, 단 한 줄도 제대로 쓰지 못한 적도 있었다. 내게 독자란 보이지 않는 감옥 같은 존재였다.

이런 연유로 타자보다는 나 자신을 위한 글을 줄곧 써왔다. 오직 나 자신만이 나의 글을 읽고 나의 글에 영향받는 독자였던 것이다. 쓰는 내가 즐겁고, 읽는 내가 감명 깊으면 그만이었다. 실제로 나는 글을 쓰면서 수십 번도 넘게 내 글을 읽었다. 써낸 글은 이후에도 나에게 적지 않은 영향을 주었다. 이런 글쓰기 생활로도 나름 만족하며 살았던 것 같다.

정지우 작가의 글쓰기 모임은 최소한의 고정 독자를 보장했다. 정지우 작가는 물론, 같이 모임에 참여하는 10인의 모임원이 있었다. 내 글을 읽는 독자가 있다는 사실이 글쓰기에 이렇게 큰 영향을 주리라곤 전혀 상상하지 못했다. 처음으로 내가 아닌 타자를 위해 글을 써보았다.

나 혼자 쓰고 마는 글이 아니라 독자에게 읽히는 글을 써 내려갔다. 정말 쉽지 않았다. 나름 노력했지만 나도 모르게 생략하고 숨기는 내용이 많았다. 나에게 당연한 내용은 생략되고, 드러내기 껄끄러운 내용은 숨겨졌다. 친절하지 않았고 솔직하지 못했다. 내가 나의 글을 읽을 때는 이런 게 전혀 문제가 되지 않았다. 글에 쓰이지 않은 모든 정보와 문맥을 다 알고 있었기 때문이다.

3개월간의 글쓰기 모임이 끝난 지금, 그 감각을 조금은 알 것 같다. 텔링과 쇼잉, 구체적으로 풀어주고 추상적으로 묶어주기, 대조의 활용 등, 글쓰기 모임에서 배운 글쓰기 팁이 정말 많았다. 하지만 그 근본에는 바로 독자가 있었다. 제목으로 독자의 흥미를 돋우어야 했고, 문장으로 독자에게 온전한 감정을 전해야 했다. 글쓰기 모임에서 배운 모든 팁은 바로 독자를 위한 것이었다.

정지우 작가는 모임원 모두가 모임 이후에도 글쓰기를 지속하기를 바랐다. 글쓰기가 삶에 얼마나 가치를 더해 주는지 그 진가를 알길 바랐다. 작가의 피드백 속에는 그 진심이 함께 녹아 있어 은은한 향기가 났다.

지금에야 솔직히 말하건대, 초창기에는 정지우 작가의 피드백을 완전히 수용하지 못했다. 궁금한 부분에 대해 질문하고 더 대화를 하고 싶었는데, 그런 시간이 마련되지 않아서 많이 아쉬웠다. 『우리는 글쓰기를 너무 심각하게 생각하지』를 읽고, 몇 번 더 모임을 갖고 나서야 작가의 진심을 깨달았다. 그제야 작가의 피드백을 온전히 받아들이고 나의 글에 적용할 수 있었다.

나는 정지우 작가의 진심을 이어받아 적극적으로 글쓰기 활동을 계속할 것이다. 나만을 위한 글이 아닌, 독자를 위한 글을 쓸 것이다.

정지우 작가의 글쓰기 커뮤니티에만 기대지 않고 나만의 글쓰기 시스템을 갖추어 나갈 것이다. 실제로 글쓰기 모임 기간 중 친구들과 회고 모임을 만들었고, 일주일마다 회고 에세이를 발행하고 있다. 회고 모임은 2025년에도 이어질 예정이다. 블로그와 SNS를 통해 불특정 다수의 독자를 만나는 것도 도전 과제 중 하나다.

독자를 위하는 마음과 정지우 작가의 진심 어린 응원, 이 두 초석은 앞으로 쌓아 올릴 나의 글쓰기 인생에 튼튼한 기반이 되어줄 것이다.

벤자민

Morning Coding, Night Write. 낮에는 컴퓨터 언어로 프로그램을 개발하고, 밤에는 인간의 언어로 자기 자신을 표현하는 사람. 한국과학기술연구원(KIST)과 실리콘밸리 스타트업을 거쳐 지금은 대기업에서 개발자로 일한다. ㈜대학내일 사단법인 《오늘은》의 칼럼니스트로서 칼럼을 기고하며, 브런치북 《서른의 나는 세살의 나를 불러본다》를 연재 중이다. 삶의 한 조각을 나누는 뉴스레터 《주간벤자민》을 매주 발행한다. 또한, 독서 커뮤니티 '한줄'의 운영자이자, 'AI 솔로프리너 클럽'의 커뮤니티 매니저를 겸하고 있다.

전재현

나의 서사를 만드는 일

처음 남편을 따라 독일에 와서 독일어를 배우기 시작했을 때, 매일 다양한 주제로 대화하고 발표하고 새로운 사람을 만나며 그야말로 '말의 홍수'의 시기를 보냈지만, 어쩐지 가슴속이 답답해지고 누구와도 제대로 이야기하지 못하는 것 같은 시기가 있었다. 아무리 한참을 떠들어도 나의 어휘 실력이 초급 수준이라 "가고 싶은 여행지가 어디야?" "좋아하는 책이 뭐야?" 같은 질문에도 단편적인 대답만 할 수 있었기 때문이다.

한국인들을 만나더라도 모두가 낯설어 자기소개와 표면적인 이야기만 반복했기에 독일에서의 처음 몇 달은 답답함이 계속 쌓여갔다.

   그 답답한 감정은 외로움과는 달랐다. 전혀 다른 새로운 곳에서 삶을 시작했고, 한 장면 한 장면 이색적인 풍경들로 내 마음은 부풀어서, 어딘가에라도 이 감정들을 쏟아내고 싶었다. 하필이면 독일에 오는 시점에 개인 사업을 시작했고, 결혼을 했고, 생전 처음 독일어를 배우면서 모든 상황이 달라진 시점이었다. 공교롭게도 남편을 제외한 기존의 모든 관계와 단절되면서 가슴속에 내뱉지 못하는 말이 쌓여갔다. 친구를 만들고 싶다는 감정과는 또 다른, 나의 말을 하고 싶다는 갈망이었다.

   생각해 보면 늘 동질적인 집단에서 인간관계를 쌓아왔다. 학교에서 친구를 사귀고, 직장에서 동료와 친해졌다. 그러다 보니 굳이 새로운 사람을 찾아 나서기보다는 이미 공통점이 많은 사람들과 자연스럽게 공감하고 동조하며 가까워졌다. 그러다 누구와도 접점이 없는 낯선 장소와 시간에 속하게 되니 나와 완전히 공감대를 형성할 사람을 찾는 게 불가능하다고 느끼게 됐다. 그때까지도 답답함의 정체를 알아채지는 못했고, 그저 내 속의 말들을 배출하고 싶다는 마음뿐이었다.

   그때쯤 정지우 작가님의 글쓰기 수업을 듣고 글을 쓰기 시작하면서 비로소 그 감정의 정체를 깨달았다. 어떤 경험이든 나의 시각으로 한번 곱씹고 의미를 부여해 나만의 서사를 만들고 싶다는 욕구였다. 남들도 다 아는 학교나 회사나 직무로 나를 설명할 땐 누구도 굳이 나에게 질문하지 않았다. "왜 그런 선택을 했나요?" "그 일을 해서 느끼는 게 뭐예요?" 하고 묻는 이가 없었다. 하지만 남들과 다른 선택을 하기 시작하자 어딜 가나 그런 질문들이 따라왔다. 낯선 세상에 갑자기 던져진 뒤로는 처음 만나는 모든 사람에게 그런 질문을 받았는데, 그때마다 적당히 대답을 회피하며 넘긴 순간이 알게 모르게 내 안에 쌓였던 것이다. 나에게는 좀더 직접적이고 근본적인 질문이 필요했고, 충분히 시간을 들여 고민하고 나만의 답을 풀어낼 시간이 필요했다.

처음 백지상태로 글을 쓰려고 하면 머릿속도 백지가 된다. 도대체 내가 무슨 글을 쓸 수 있을지 막막해질 뿐이다. 그러나 아주 구체적인 주제로 글을 쓰면서 집요하게 나의 기억을 꺼낼 수 있었다. 여행도 몇 번 안 다녀본 나에게 여행 에세이라는 테마는 생소했지만 한참을 고민하니 떠오르는 기억이 있었다. 그것을 글로 풀어내다 보니 신기하게도 희미하게 사진으로만 남아 있던 여행지에서 했던 생각과 대화가 선명해졌다. 애써서 떠올리고 곱씹으며 의미 부여를 하고 나서야 그 여행이 나에게 어떠한 의미가 되어 기억에 박제됐다. 스쳐 지나가는 경험들이 완전히 내 손에 움켜쥐어지는 그 감각이 좋아서 글을 계속 써보기로 했다.

그렇게 꾸준히 글을 쓴 지 벌써 4년째다. 매달 한 편의 글을 쓰고 있다. 40편이 넘는 글에는 각각의 에피소드와 나만의 의미를 지닌 메시지가 남았다. 그 시간에 가까운 친구들도 생겼고 독일어 실력도 늘었지만, 그것만으로는 해소되지 않던 답답함이 글을 통해 풀렸다. 이제는 알 수 없이 마음이 답답하여 그 이유를 찾고 싶을 땐 무작정 글을 쓴다. 처음부터 의미 부여를 하지 않고, 머릿속을 떠나지 않는 장면과 그때의 내 생각을 쓰다 보면 어느샌가 목적지에 도착해 있다. 속 이야기를 쏟아내다 보면 4,000자 넘는 글도 순식간에 다 쓰는데, 그걸 하나의 메시지로 정리해 한 편의 글을 완성한다.

무조건 쏟아내는 게 능사는 아니다. 타인에게 보여주었을 때 메시지가 어느 정도는 의도대로 전달되어야 완성이다. 처음 정지우 작가님의 글쓰기 모임에서 만난 사람들과 4년간 함께 글을 읽고 합평을 이어오고 있는데, 언제든 나의 글을 적극적으로 읽고 피드백을 해줄 사람들이 있는 것만으로도 글쓰기의 동력이 생긴다. 애정을 갖고 글을 읽다 보면 반드시 글을 더 낫게 만들 아이디어가 떠오르게 마련이다.

우리는 그렇게 한 달에 한 번 만나 서로의 글을 더 잘 이해하기 위해, 더 잘 읽히도록 만들기 위해 함께 고민했고 서로의 의견을 경청했다. 글을 잔뜩 써놓고도 도대체 내가 무슨 말을 하고 싶었던 건지 갈피를 못 잡는 날이면 합평 멤버들이

도리어 방향을 제안해 줘서 글을 완성하기도 했다. 그럴 때면 내 마음속 답답함의 정체를 찾기 위해 쓰기 시작한 글이 도리어 타인의 눈을 통해 더 명확하게 정체를 드러낼 수도 있음에 놀라곤 한다. 내가 그런 마음을 가지고 있었구나, 하고.

심지어 나를 발견하는 것을 넘어서 타인의 날카로운 감각을 통해 나를 확장하기도 한다. 누구나 남들보다 조금 더 관심을 가지고 깊게 고민하는 분야와 지점이 있다. 한 사람의 시선의 방향과 깊이를 온전히 느끼기에는 말보다는 글이 더 좋다는 생각이 든다. 같은 길을 여행해도 보는 게 다르고, 똑같은 출근길도 바라보는 시선이 다르다.

그렇게 한 사람의 글을 수십 편 읽다 보면 층층이 누군가를 이해하는 경험을 하고, 나의 삶의 순간순간에도 선명하게 흔적을 남긴다. 자주 만나고 오래 통화하고 식사를 함께하는 가까운 친구에게서도 느끼지 못한 누군가의 세상을 들여다보는 일은 오히려 더 깊은 연결감을 주기도 한다.

지난 4년간 쓴 글들을 다시 읽을 때면 내가 그땐 이런 경험을 했고 이런 생각을 했구나 싶어 새삼 놀라곤 한다. 글로 남기지 않았으면 기억에서 사라졌을 순간들이 이렇게나 생생하게 남아 있다. 누구나 똑같이 시간을 보내지만 그 시간은 때론 경력 기술서로, 때론 가장 화려한 순간의 사진으로, 때론 시험 성적이나 통장 잔고 같은 것으로 기록할 수 있다. 그리고 그 시간을 글로 남기면 오직 나만이 설명할 수 있는 고유한 기록이 된다. 그 고유한 방식의 기록이 타인에게 영향이나 감명을 줄 때의 그 쾌감, 내가 보고 경험한 것을 타인도 생생하게 느끼고 공감할 때의 그 연결감은 무엇으로도 대체할 수 없는 충만함을 준다.

 글쓰기는 어딘가에 있을 나랑 꼭 맞는 누군가를 찾아 헤매는 일보다, 알 수 없는 가슴속 답답함을 이런저런 활동으로 잠시 잊는 것보다, 가장 근본적이고 확실하게 마음에 힘을 주는 일 아닐까.

전재현
한때는 언론사에서 기사를 쓰고, 한때는 마케터로서 광고 카피와 기획안을 쓰다 결혼 후 남편과 함께 독일에서 신혼 생활을 시작했습니다. 자그마한 개인 사업을 시작하고, 독일어를 배우고, 처음으로 서울이라는 도시를 벗어나 타지에서 생활하며 모든 것이 새로운 시절을 기록하고 싶어서 글을 쓰기 시작했습니다. 우연히 페이스북으로 정지우 작가님의 글쓰기 모임 모집 글을 보고 4기 멤버로 참여했고, 뉴스레터 《세상의 모든 문화》에서 〈독일에서 살게 될 줄은〉 시리즈를 연재했습니다.

신선숙

정류장 같은 글

 어느 날, 마음을 움직이는 글을 만났다. 페이스북 피드를 빠르게 넘기던 중이었는데 시간이 갑자기 천천히 흐르는 것 같았다. 그건 전속력으로 달리다가도 잠시 멈췄다 가게 만드는 정류장 같은 글이었다. 정지우 작가의 글을 만난 날부터 누구와 약속이라도 한 사람처럼 나는 정류장에서 기다렸다. 그러다가 글쓰기 수업이 곧 열릴 거라는 글을 보자마자 '아! 내가 기다리던 약속이 이거였구나' 싶었다.

 열 명의 글쓰기 동료들과 정지우 작가를 랜선에서 만나고 수개월이 흘렀다. 그때 일이 아직도 어제처럼 느껴진다. 그가 "이 문장은 정말 좋죠!"라고 말하면 수업을 함께 듣던 우리는 함께 기뻤다. 그 칭찬을 또 듣고 싶어서 '~보다'를 문장에 꼭 넣거나 세 가지 예시를 고민하거나 내가 회수해야 할 떡밥을 찾아 헤매는 등 그의 조언을 충실히 따랐다. "퇴고는 꼭 해보세요"라는 말에는 퇴고의 끝이 너무 아득하게만 느껴져서 도망치고 싶기도 했다.

세 편의 글을 쓰고 세 번의 평가를 받았다. 두 달이 채 안 되는 7주가 흘렀다. 그리 길지 않은 시간이었다. 그런데 지금은 그 시간이 억겁처럼 느껴진다. 이상한 일이다. 처음 정지우 작가의 글을 읽었을 때도 시간이 천천히 흐르지 않았던가. 그래! 아는 거라곤 하나도 없이 학교 다닐 때가 딱 이랬지. 공부만 하던 십 대 시절은 지금에 비하면 열 배, 백배 길게 느껴지지 않았던가. 글만 겨우 써냈을 뿐 백지 상태로 수업에 참여하는 그런 경험. 정지우 작가의 글쓰기 수업은 나에게 100퍼센트 배움의 시간이었던 것이다.

정지우 작가에게 배운 가장 큰 가르침은 글쓰기에 임하는 태도다. 정지우 작가의 글에는 쓰고자 하는 대상에 대한 사랑과 존중과 배려가 가득했다. 단 한 순간도 눈살을 찌푸리게 하는 느낌이 없었던 건 작가가 세심하게 그 부분을 챙겼기 때문이었다. 글을 쓰기 시작하면서 내 글로 상처받은 사람들이 생겼을 때 나는 어리둥절했다. 하지만 이제는 안다. 글에 등장하는 사람들을 글의 소재로만 보고 순전히 내 입장으로만 글을 썼기 때문이었다는 걸.

반대로, 나는 죽어라고 김 관장(남편)을 욕했는데 그걸 읽은 동료들이 사랑이 느껴진다고 피드백을 줬을 때 사람들이 내 속마음을 어떻게 알았는지 궁금했다. 하지만 이제는 안다. 나는 지난 시절 김 관장과의 갈등을 글로 풀어내긴 했지만, 지금은 김 관장에 대한 사랑과 존중이 가득하다는 걸 말이다.

또다시 정류장에 가고 싶어진다. 기다리기만 하면 정지우 작가가 가슴 뛰는 가르침을 주러 달려와줬으면 좋겠다. 하지만 나는 이미 그 순간을 지나왔고 배움은 채워졌으며 이제 그 정류장은 새로운 사람들로 북적여야 한다. 정지우 작가의 글 앞에만 서면 느리게 흐르던 시간이 정상으로 돌아오기 시작했다. 마냥 기쁘지만은 않고 마음 한편이 아쉬움의 눈물로 차오르는 건 추억을 추억으로만 남기기엔 벅차도록 아름답기 때문일 것이다. 아주 오랜만에 배움으로 가슴 뛰는 순간을 선물해 준 정지우 작가에게 고마운 마음을 전한다. 이제 나를 멈추게 만드는 또 다른 정류장으로 가야겠지.

신선숙
노처녀 시절 연하의 탁구 코치와 사랑에 빠져 앞뒤 안 재고 결혼했다가 직업부터 성격까지 극과 극이라 맘고생 심하게 한 소심쟁이 편집자. 남편인 김 관장과의 기막히고 코 막히는 결혼 생활과 탁구로 배운 인생사를 엮어 〈탁쳐라 김관장〉을 연재 중이다. 인생첫책 출판사의 대표이기도 하다.

나는 글쓰기 모임에서 만난 모든 글을 기억한다
초판 1쇄 2025년 11월 20일

지은이 | 정지우
펴낸이 | 송영석

편집장 | 박신애
기획편집 | 최예은 · 이나연
디자인 | 박윤정 · 유보람
마케팅 | 김유종 · 한승민
관리 | 송우석 · 전지연 · 채경민

펴낸곳 | (株)해냄출판사
등록번호 | 제10-229호
등록일자 | 1988년 5월 11일(설립일자 | 1983년 6월 24일)

04042 서울시 마포구 잔다리로 30 해냄빌딩 5 · 6층
대표전화 | 326-1600 **팩스** | 326-1624
홈페이지 | www.hainaim.com

ISBN 979-11-6714-129-3

파본은 본사나 구입하신 서점에서 교환하여 드립니다.